Why Weren't We
Taught This at School?

让沟通更有温度

[英]爱丽丝·谢尔顿 Alice Sheldon / 著

朱巧莲 / 译

华夏出版社

HUAXIA PUBLISHING HOUSE

图书在版编目（CIP）数据

让沟通更有温度/(英) 爱丽丝·谢尔顿（Alice Sheldon）著；朱巧莲译.--北京：华夏出版社有限公司，2022.10
书名原文：Why Weren't We Taught This at School? : The Surprisingly Simple Secret to Transforming Life's Challenges
ISBN 978-7-5222-0372-0

Ⅰ. ①让… Ⅱ. ①爱… ②朱… Ⅲ. ①人际关系学－通俗读物 Ⅳ. ①C912.11-49

中国版本图书馆 CIP 数据核字(2022)第 122008 号

Why Weren't We Taught This at School? : The Surprisingly Simple Secret to Transforming Life's Challenges by Alice Sheldon
Copyright © Alice Sheldon, 2021
This translation is published by arrangement with Alison Jones Business Services Ltd. trading as Practical Inspiration Publishing
Simplified Chinese copyright © Huaxia Publishing House Co., Ltd.
All rights reserved.

让沟通更有温度

著　　者	[英] 爱丽丝·谢尔顿	
译　　者	朱巧莲	
策划编辑	卢莎莎	
责任编辑	陈志姣　卢莎莎	
版权统筹	曾方圆	
责任印制	刘　洋	
装帧设计	殷丽云	

出版发行	华夏出版社有限公司	
经　　销	新华书店	
印　　刷	三河市少明印务有限公司	
装　　订	三河市少明印务有限公司	
版　　次	2022 年 10 月北京第 1 版　2022 年 10 月北京第 1 次印刷	
开　　本	880×1230　1/32 开	
印　　张	7.5	
字　　数	132 千字	
定　　价	49.80 元	

华夏出版社有限公司　地址：北京市东直门外香河园北里4号　邮编：100028
网址：www.hxph.com.cn　电话：(010)64663331(转)
若发现本版图书有印装质量问题，请与我社营销中心联系调换。

读者荐言

这本书我希望自己学生时代就读过，它能改变我们的人生。一旦掌握书中的知识与技能，我们将拥有更高的生活品质。

——托尼·霍克斯，大英帝国员佐勋章（MBE）

获得者、电视广播喜剧演员、畅销书作家，

著有《带着冰箱去旅行》等

人们常认为倾听是一件很简单的事情，忽视其重要性。这本书提醒我们要重视倾听，通过倾听与他人建立情感联结，增进理解。当今时代，人人与电子屏幕为伴，这本书的出现恰逢其时。此书就像一个工具箱，值得随身携带、时常翻阅。

——吉姆·卡特，大英帝国官佐勋章（OBE）获得者；

艾美达·斯丹顿，大英帝国司令勋章（CBE）获得者、演员

"如何建立共赢式对话？"这个问题算是问到点子上了！在那些由自身行为或人际交往引起的烦恼背后隐藏着未被满足的需要，了解这种需要能让我们处世通透、通达人情。爱丽丝·谢尔顿这本书的名字与内容相得益彰，每位读者都可以在书中找到自己的影子，发现自己的需要是什么以及学会满足这些需要。这本书值得人人阅读。

——哈维尔·亨德里克斯博士；海伦·拉凯莉·亨特博士，《获得你梦想之爱》合著者

来自商务领域的读者

爱丽丝·谢尔顿在书中探讨了人际交往中的常见问题，观点鞭辟入里。她的方法构思精巧、通俗易懂，对工作和学习都大有裨益。本书提供的分析工具功能强大，可以助您开启更为真诚有效的沟通。

——谢里夫·希瓦吉，皇室法律顾问、英国商法大律师

与不同的人建立和维系关系是一项必备的商业技能。各层级管理者可以充分运用本书所学来提高员工参与感，激发员工潜力，探寻出创新高效的解决方案，掌控全局。此书为21世纪领导者的必读书目。

——约翰·奥德尔，某"四大"会计师事务所董事

爱丽丝·谢尔顿终于将"需要理解"沟通法编撰成书了！"需要理解"多年以来一直是我帮助领导者们开展"艰难对话"的首选沟通框架。与情商框架重视移情意识、强调自我调节的特点相比，"需要理解"框架进一步提供了简单实用的变革性方法，在解决问题的同时维系稳定的人际关系，照顾到每个人的利益，最终实现多赢。该书内容明晰、贴合实际、意义深远，帮助读者以全新的视角建立情感联结、制定创新战略和掌握解决问题的方法。将此书所学化为所用，可以改善人际关系，从而打造一个更加健康快乐、可持续发展的世界。

——希瑟·门罗，"明亮空间"（Brightspace）高管教练

当下，我们更需要相互依靠、相互扶持，与同事、朋友和家人建立更加信任彼此和真诚的关系。这本书融故事、案例和实用技能为一体，又不乏真知灼见，可以指导我们培养同理心和制订协作方案。

——马克·皮尔金顿，旅游和休闲行业销售和营销领导者

这本书简单易读，引人入胜，提供了许多实用建议，可以帮助读者有效解决问题。爱丽丝在这个领域深耕多年，她的经验充分表明"需要理解"对工作和生活都大有裨益。

——马修·韦特，一家全球领先教育公司的首席财务官

这是我近些年来读过的最有影响力的书籍之一，书中的教程和练习深入浅出，可以有效改进人际交往方式。但正如书名所问，如何建立共赢式对话呢？我们在生活中终日摸爬滚打、跌跌撞撞，却并不了解事物的运作原理。这本书让人耳目一新，可以手把手教你如何活得出彩，成为了不起的人。

——维罗妮卡·芒罗，国际高管教练、作家、艺术家

来自教育领域的读者

该书笔触细腻优美，让我想起以前的我：总觉得道理都懂，可与人交流时却又做不到。我反思自己最近的几次对话，发现还是有许多遗憾，许多地方本应该做得更好。爱丽丝在这本书中立足真挚的情感，不带任何预判，让读者感同身受，产生共情。我肯定会经常重温这本书的。

——贝琳达·霍普金斯博士，《恢复性课堂》作者、
冲突调解培训机构主任

这本书让人耳目一新。爱丽丝希望我们了解自己，了解我们自身的需要是如何影响我们的沟通和人际关系的。爱丽丝在书中娓娓道来，书中的方法对于那些与不同年龄段人群共事的读者来说极富指导意义。我希望下一代人能在学校中学到这些东西。

——莉莉·霍斯曼，森林学校协会主席

爱丽丝写了一本通俗易懂的书，介绍了简单实用的沟通技巧，这些技巧给人相见恨晚的感觉。每读一页，我都有把此书分享给身边人的冲动。如今心理健康问题越来越凸显，我们也饱受社交媒体上各种是非争议的困扰，这本书出现得正是时候。对于政坛领导人来说，此书也是必读书目。

——亚当·巴伯，亨利兹小学校长

这本书出现得恰逢其时，爱丽丝从现实出发，以极富共情力的方式告诉我们究竟什么样的课程才是最重要的。对于学校老师和领导以及那些对学校教育有更高要求的人来说，这本书是必读物。

——菲奥诺拉，温布尔登中学校长

爱丽丝·谢尔顿的思考源于生活。这本书是她基于对许多简单有效的原则和工具的详尽研究写成，书中的例子和见解极富生活气息。作者写作技艺精湛，全书内容清晰，富有条理，通俗易懂，能经受现实的检验。本书不仅能启示我们如何改善人际关系，而且能指导我们更好地利用全球和地方政治与经济制度。

——加布里埃尔·格伦特，ECHT 通信联合创始人、
教师和家长教育培训师

来自冲突解决领域的读者

作为一本人际关系指南，此书思路清晰、语言优美，应该人手必备。学校应将此书列入教学大纲，这有助于缔造一个和平的世界。

——西拉·埃尔沃西博士，曾三次获得诺贝尔
和平奖提名，和平商业计划创始人

这本书详细分析了各种富有共情力和同理心的交流方式。在如今这样一个错综复杂的世界中，我们比以往任何时候都更需要去努力调和冲突、构建人际关系，"需要理解"框架的提出无异于雪中送炭。

——诺米莎·库里安，剑桥和平与教育研究小组联合主席

《让沟通更有温度》是一本富有同理心和洞察力的指南，旨在创造一个更和平、更富同情心的世界。我觉得这本书很容易上手，书中有大量类比，并且辅以工具进行引导和阐明。而且"需要眼镜"简直太绝妙了，每个人都应该拥有一副！

——吉娜·劳里，非暴力沟通（NVC）中心评估员、
NVC 舞池联合创始人

该书对所有追求世界公平正义的人来说都是一本重要指南。对我个人而言，我愿成为推动世界进步的一分子，因此，我认为该书为人生必读物，对于那些能够影响他人的人来说尤其如此。

——玛丽奥·阿尔帕，大英帝国员佐勋章（MBE）获得者、

非暴力中心执行主任、和平解决方案中心创始主席

来自心理治疗领域的读者

这是一本充满激情、智慧的书，书中详实的经验源于生活，经作者精心凝练而成。作者所述技能看似简单，实则内涵丰富。充分利用好书中丰富的模板，必将有效提升你的生活质量。

——马尔科姆·斯特恩，Alternatives 联合创始人、

心理治疗师、作家

这本书中的观点鞭辟入里，如果人们能人手一本，一定会受惠于此。将这些沟通技巧内化于心、外化于行，我们的人际关系将会更加密切，这个世界也将更加和平。这本书构思精妙、理念富有同情心，字里行间流露着诚挚情感，是一本名副其实的人际关系指南。

——谢丽尔·加纳，心理治疗师、

Imago 关系治疗师、育儿教练

来自神话和美人鱼世界的读者

这本书很符合我们的时下需求，让我们反思彼此沟通的方式。爱丽丝·谢尔顿在书中不仅向我们阐述了我们潜意识的需要和行为背后的原因，还为我们提供了许多合理建议与练习。随着世界进入气候危机日益严峻的后疫情时代，这本书应该人手必备。最重要的是，我们可以从中学会如何与自己和他人和谐相处。该书为时代必读图书。

——莫妮克·罗菲，2020 年科斯塔年度图书奖得主，

著有《黑海螺美人鱼》

谨以此书献给

我的生命之光——安娜

目　录

序 言

为什么学校没教这个？

回望学生时代，你在学校有何收获？多年后，我们大部分人都能记住乘法口诀，但是一谈到人际沟通、互相理解，便一筹莫展。虽然说我们学习过数学、英语、科学和艺术等课程，但大多数人仍不知如何做棘手的决定，如何处理个人感受，也不知道该怎样才能建立和谐共赢的人际关系。

这造成的结果是我们的生活时常苦乐参半。有时一切都顺心遂意，要做的决定水到渠成，周围关系轻松融洽；有时我们又会感到沮丧而迷茫，在脑海中一遍又一遍地回想某段对话，懊恼自己当时的言行；在做某个艰难的抉择时，我们常会为此反复思量、备受煎熬；我们希望哪怕仅有一周的喘息，隔绝家人或同事间的争吵、叫喊、愤怒；还有些时候，我们觉得时光飞逝，而自己仍有许多未竟之事。

这样的困境使我们不时疑惑，我们是不是遗漏了生活指导手册上的几页关键信息？我们需要一个指南来学习生活中究竟什么才是最重要的，这样才可能实现我们渴望已久的改变。我们需要一个能帮我们从容应对挑战的框架、一种理解世界的方式，从而更好地享受生活。

这就是"需要理解"能带给我们的好处。它能有效地建立起有利的人际关系，以满足各方需求的方式解决问题。"需要理解"适用于任何场合：家庭、工作或与人相处。"需要理解"不仅具有变革性，而且非常简单实用。初学者花一两个小时就能学到核心要点，给自己的日常生活带来立竿见影的改变，或者可以把"需要理解"当作快速解决方案，用来处理棘手情况。"需要理解"能改变我们的固有思维模式，让我们的生活丰富多彩。就算只有你一人知道如何运用"需要理解"，它也同样奏效，无须让你的伴侣、同事或者朋友和你一起学习。

"需要理解"的核心理念是：我们所说或所做的一切都是为了满足我们的潜在需要——比如拥有选择权的需要、被倾听的需要、发挥创造力的需要和渴望真实的需要。从需要的角度看世界，能够让我们找到解决困难的新方法。它会使以前看似莫名其妙的行为开始变得合理起来，生活变得更简单，世界变得更友好，我们也可以在其中实现自己所想。

"需要理解"的核心观点认为，想要对世界产生更大的影响，提升生活幸福感，最好的办法就是改变自己。与此同时，"需要理解"能帮助我们看清社会文化中权力和资源分配的不均，以及哪些社会、政治和经济因素阻碍了个人充分实现自我价值。因此，"需要理解"是一种可以促进社会变革的强大工具，可以让每个人的需要都得到满足。

"需要理解"和我

多年来，我一直与各组织、团体和个人分享"需要理解"的原则。在获得心理学和神经生理学硕士学位后我成了一名教师，后来又做了律师。但我在青少年时期曾经历过严重自我怀疑和自我失望，以致人生跌入低谷。我与周围人的关系紧张，失去了人生目标，看不到生活的意义。

我曾深陷抑郁，认为自己完全无法和别人"建立关系"，也不能感受快乐或过上有意义的生活；今天的我相信自己有能力为自己和他人带来活力。我自己的认知转变是一个缓慢的过程，但在这个过程中我从未停止过思考这样一个问题：抛开人们的信仰或社会地位的差异，我们该如何携手创造一个适合这个星球上的每个人的世界？甚至说适合我们整个星球的世界？我们个人能发挥什么作用？

有两件事改变了我的生活，对我的一生都产生了重大影响，帮我看到了追寻另一种生活方式的希望。

首先是心理治疗。心理治疗教会我用同理心直面内心的痛苦，将过去的人生经验当作一把宝贵的钥匙，开启别样未来。我学会了如何与自己和他人建立情感联结——最重要的是真正的联结。这些是"需要理解"的核心。

第二个影响到我的是马歇尔·卢森堡（Marshall Rosenberg）的成果，他于二十世纪六十年代提出非暴力沟通（NVC）概念。通过了解他的理念，我想到用人类需要这个视角来解释我们的行为，这正是"需要理解"概念的核心。很遗憾的是我未曾参加过马歇尔亲自举办的培训，与他本人也素未谋面，但我非常感谢他留下的研究成果，也感谢给我提供非暴力沟通培训的老师们。

本书展开顺序

下一章，我们将深入探讨"需要理解"以及其运作方式。我还会介绍"需要理解"的四个技能：

· **带着同理心倾听**：如何识别你可能忽视的十种无益的倾听方式，以及如何通过倾听建立情感联结。

· **带着共情理解自身**：如何理解自我和驱动你的指纹需要，从而更轻松高效地应对困境。

· **让别人听见你的声音**：为了最大化提升交流效果，你应该怎么做。

· **行事时顾及所有人的需要**：如何"绕山而行"，在重重困难之中找到出路，最终找到适合每个人的解决方案。

　　就我个人而言，本书的撰写顺序有利于新概念的学习，但你完全可以根据自己的需要挑选阅读章节。全书各部分都有暂停框，让你有机会反思和实践里面提到的想法。如果你喜欢每隔一段时间暂停一下、温故知新，这些暂停框作用很大。如果你喜欢连续阅读，那这些暂停框可能会影响你的阅读体验。暂停框不影响你对本书的理解。

　　为了更清晰地阐述"需要理解"背后的理念，我收录了一系列"需要理解"在实践中应用的故事。这些故事基于真实经历改编，为了保护他们的隐私，我对姓名和细节略有修改。另外，这是一本书，表现效果比不上视频和电影，因为我只能用文字来表现人物之间的交流；但现实情况中我们也会加上手势、语气和肢体语言来表达自己，这些交流方式同样重要。在某些例子中，我精简了对话，看起来好像人们在短时间内就发生了转变，但现实情况中发生改变所需的时间比较长。

　　我很高兴能与你分享"需要理解"，也很想知道你在阅读以后对这些核心问题的看法是否和我一样。既然这个方法这么简单，能对我们的个人生活以及这个分裂的世界产生如此深远的影响，那为什么学校没教这个呢？

第一章

极简秘诀：从需要的视角来理解世界

"需要理解"有两个核心原则，可以很好地指导我们的生活和工作。无论你是想更深入地了解自己，还是想改变与他人相处的方式，抑或是希望这个世界变得更加美好，这两个原则都必不可少。本章将阐述这两个原则，整本书也将围绕这个话题展开。

· 原则 1：我们的行为是为了满足个人需要。

· 原则 2：只有行事时顾及每个人的需要，世界才能以最佳状态运行。

什么是需要？人类有生存需要，包括食物、水、住所和保暖等。其次是心理、情感和精神上的需要，例如学习、自由、爱、情感联结、美等。总之，人类生存发展所需的一切都是需要。人类的需要是相通的。

为了让你更好地理解需要，下表对人类的普遍需要进行了分类，书末也附有此表以供参考，你也可以在 www.needs-understanding.com 下载该表并打印保存。

人类需要一览表	
生理需要	稳定
空气	
食物	**自由**
健康	自主性
光	选择
运动	放松
休息	独立
住所	责任
触摸	空间
水	发现
	学习
安全	刺激
安全感	
内心的宁静	**情感联结**
人身安全	喜欢
保护	感恩

关注	伙伴关系
亲近	自我表达
陪伴	分享
联系	支持
和谐	宽容
亲密	
爱	**自我意识**
养育	能动性
性表达	真实性
温柔	
温暖	**自身重要性**
	接受
社群	承认
归属感	关心
沟通	共情
合作	体贴
平等	同理心
包容	认可
相互关系	尊重
参与	被聆听

被看见	疗愈
信任	诚实
理解	正直
	知足
休闲 / 娱乐	感知自身重要性
乐趣	自我接纳
幽默	自我关怀
快乐	自我实现
愉悦	
恢复活力	**意义**
放松	活力
	挑战
理解	觉悟
意识	贡献
清晰	创造力
能力	探索
尊严	整合
有效性	目的
赋权	
成长	

超越	希望
美	灵感
庆祝	哀悼
交流	神秘
信仰	和平
心流	存在

每个人对需要的分类略有不同，所以如果你发现清单上没有涵盖你的需要，或某一分类对你而言意义不大，尽可以自行改动。我把这个清单放在这里是想启发大家思考全部人类需要，很多需要在日常生活中都被我们忽略了。你可以打印出一份贴在冰箱上，或者其他方便你看见的地方，多浏览以便熟悉。

暂停框

（友情提示：跳过暂停框或阅毕其他内容再看均不会影响本书的阅读体验。）

熟悉人类各种需要

手边必备：人类需要一览表。

借此机会熟悉一览表中的各种需要。

慢慢浏览一览表中的各种需要，关注自己在阅读时的感觉，选出你关注的那个。

反思：我为什么选择这个需要？

这个需要今天出现了吗？过去出现过吗？它对你一直很重要，还是在特定时间里重要？好好思考一下它对你的重要性。

我们的需要如何影响我们的行为

我举一个自己生活中的例子来说明为什么"需要"对我们的思考和行为方式影响重大。这个故事发生在我和我女儿凯蒂（化名）身上。虽然我在第一章中举的都是亲子关系的例子，但万变不离其宗，这个原则在家庭生活或工作中同样适用。

　　我女儿六岁时最喜欢的事情就是周末待在家里玩玩具。我也很喜欢陪她一起玩，可玩一会之后我就心生厌倦，想出去做点别的事情。我是一个单亲妈妈，家里除了我没人照看她，我根本脱不开身，所以我一般会事先和她商量好，她可以先玩一会儿玩具，然后我们再去咖啡馆。但是每到出门的时候，她就会故技重施，不肯放下玩具。最后就会演变成我冲她吼、恳求她或者哄诱她陪我出门。结果是要么她不情愿地陪我去了咖啡馆，要么我怒气满腹地陪她在家玩玩具。

暂停框

探寻行为与需要之间的联系

手边必备：人类需要一览表，笔和纸。

借机自我反思一下：为什么说我们所做的一切都是为了满足自己的需要？

把一张纸分成两半，标题分别写："我的需要"和"凯蒂的需要"。现在转到人类需要一览表。

1. 思考一下我的需要，猜测一下我去咖啡馆的愿望背后都有哪些需要，把它们写下来。比如你可以先写上"刺激"。

2. 思考一下凯蒂的需要，猜测一下她的需要是什么。比如你可能会写"乐趣"。

注意，我使用的是"猜测"这个词，也就是说答案没有对错之分。我们也没办法判断对错，因为每个人的生活体验不尽相同。

大家可以想象一下，鉴于我和女儿的出门难题始终得不到解决，我想下周末出门时做出些改变，我会如何改变呢？我可以尝试戴上一副"需要眼镜"，从需要的角度出发看问题。比如问自己，在这种情况下我需要什么？什么才是真正对我重要的事情？当我想去咖啡馆的时候，我最强烈的需要是：

· 活力：渴望能量和可能性；
· 情感联结：陪伴我的女儿；
· 感知自身重要性：不太明显，稍后再作讨论。

凯蒂呢？她的需要是什么，她的需要在她拒绝外出这件事上起了什么作用？以下是我的猜测：

· 选择：大多数孩子都渴求能拥有选择权，他们的自主性较之成年人很受限；
· 被倾听：她想让我理解她关心些什么；
· 乐趣：她对玩具爱不释手。

你可以试着把自己代入我的角色当中，你的需要会和我的有所不同吗？即使在相同的情况下，不同人的需要也会有所不同，因为我们每个人都有自己的处事方式。

那么，以需要的视角来理解当时的情况有何助益呢？接下来让我们用我和凯蒂的这个例子来探讨"需要理解"的四种技巧，这四种技巧分别对应本书的四个部分。

"需要理解"的四种技巧

这四种技巧可以帮助你理解自我和理解他人。这些技巧提供了改变的方法，以帮助你实现个人成长，取得职业成就，改变当下生活。这四种技巧源于两个核心原则：一、我们的行为是为了满足我们的需要；二、行事时顾及所有人的需要才是世界最佳运行状态。

这四种技巧包括：

1. 带着同理心倾听　　2. 带着共情理解自身

3. 让别人听见你的声音　　4. 行事时顾及所有人的需要

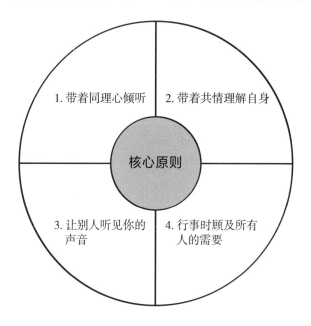

　　在开篇这一章，我将对这四种技巧进行概述，让你对本书的概貌有大致的了解，后面部分会有细节阐释。

1. 带着同理心倾听（第一部分）

　　从需要视角出发，我明白了凯蒂那么做是为了满足她的需要之后，我就能在一个新语境里理解她。这个新语境使我更好地和她共情。如果没有这种同理心意识，我可能会和她理论："我们刚刚不是都说好了，玩一会儿就一起出门的吗？"或者"跟我一块去咖啡馆吧！我给你买一个你喜欢的姜饼人。"如果这样能奏效，事情就能遂我心愿，我们也能继续融洽相处。这样的结果也会激励我继续这样做。然而实际上这样做没用，我得换个思路想想，戴上"需要眼镜"同她交谈，也就不需和她讲道理或争吵。先让她知道我理解她——"看来你在这里玩得很开心"或者"听起来你好像很想做主，决定我们是否要出去"。

　　既然同理心可以使人产生较强的情感联结，那为什么我们不更多地采取这种沟通策略呢？可能是因为担心要在自己的需要上做出妥协，担心我们要同意另一方的意见，因此失去了对自己重要的东西。如果我妥协让步，我可能会待在家里陪女儿玩，那我渴望的咖啡馆之旅，与对活力的期许，将不复存在。

　　然而，这并不是"需要理解"中的同理心的基准要素。通过和我女儿共情，我意识到我要做的就是满足她对乐趣、自主选择权和被倾听的需要。问题是她满足自己需要的方式并不适合我，因为我也有自己的需要。通过承认她的需要，我要做的不仅仅是保持我们之间的情感联结，也要找到一个双方同意的解决方案，一个双赢的方案。

在本书的第一部分，我们将探讨采用哪种倾听方式能更好地建立情感联结，及如何找到并表达同理心。

2. 带着共情理解自身（第二部分）

当我为和女儿的争执沮丧时，我的心情如何？首先，我有一肚子评判，有个声音告诉我，都是她的错："你玩了一上午，现在我想做件我喜欢的事情，你却不愿意出去，你毁掉了我们美好的一天。"或者另一种声音，这都是我的错："她只有六岁，当然不能按计划行事。我是一个不称职的母亲，对她那么不耐烦。其他家长应该会以一种更友好的方式处理这件事——为什么我不能呢？"

然而，戴上"需要眼镜"之后，我会好奇我自己的需求到底是什么，而不是一味徒劳地在责怪的圈子里面打转。带着共情去理解自己可以帮我们停止内疚的想法："我在责备自己、对凯蒂懊恼，只是因为一早上都待在家，我很渴望获得生机和活力。我当然爱她，并且希望我们能相处得轻松融洽。"现在我能更好地理解自己的沮丧情绪了，这为我做出改变奠定了基础。

许多人觉得"需要理解"的第二种技巧是最具变革性的，也是最难学的部分。我们将在第二部分进一步探讨。

3. 让别人听见你的声音（第三部分）

我们总希望自己讲出的话被人倾听。然而在我们和最重要的人相处时，以及和可以帮助我们实现梦想的人相处时，却发现很难让对方倾听自己。对此，我们会感到沮丧或者懊恼，转而把情绪发泄在他们身上。另外，若我们能正确表达自己，我们就更有可能为他人所理解，我们的话语也将会极具力量——这样一来，我们只要知道该在何时以何种方式表达即可。

就时间顺序而言，你越是优先考虑对方的需要，对方就越愿意倾听你的需要。交流不畅通常是因为双方都在试图让对方听到自己的想法，而没有觉得自己正在被倾听。以我女儿的情况举例，如果我可以先对她的需要进行共情的话，她就会理解我为什么想出去。这样她就更有可能敞开心扉倾听我的需要。

就如何表达而言，如果我敞开心扉地谈论自己的需要，而不是一味固执争论必须要出门，凯蒂可能会更理解我的想法。所以，带着同理心去倾听她之后，我可能会说："对我来说，我也有想做的事情呀，去咖啡馆之后我才有足够的精力来应付接下来的一天。"这样的对话没有内疚或操纵，只有清晰的表达和对自我的关照。我的目标是通过互相理解强化我和女儿的情感联结。

让别人听见你的声音是非常实用的方法，我们接下来会在第三部分进一步讨论需要而不是策略，观察而不是评价，请求而不是要求。

4. 行事时顾及所有人的需要（第四部分）

当与某人交流产生分歧时，我们倾向于直接从问题跳到解决方案：

问题  解决方案

我们可能会尝试从理论和逻辑上说服对方；警告他人不按照我们所想而行事的后果；或者试图操纵他们，让他们以我们的方式看待问题。这些方法的缺点是：每个人都在固定的思维误区上，由此陷入一种零和游戏的模式——只要一方遂了心愿，另一方必然不能得到满足。

在我和女儿的例子中，我最初的解决方案是我们先一起玩一会儿，再一起去咖啡馆。我觉得这个方法可行，但是仔细一想，不太可能奏效。因为凯蒂一开始就不想出去，到真正实施时，她还是不太可能同意去。大多数的情境是：她同意了可以玩一会儿再去咖啡馆，但当真要出门的时候，凯蒂还是不肯走。直接从问题跳到解决方案对我来说是可行的方案，因为我想尽快平息怒气。但是这个方法收效甚微，非但没有让我心情好受

些，还损害了我俩的关系。

这里还有一种更加有效的另类思考方式，与直接跳到解决方案不同，这是一种透过问题看本质，理解隐藏在我们对话下面的真正需要的方法：

一个兼顾双方需要的解决方案可能更有效，更能增进双方感情，这相较于下意识的策略要好得多。在我和凯蒂的例子中，我现在要想办法满足她拥有选择权、找乐趣和被倾听的需要，与此同时还要满足自己恢复活力、创造情感联结和感知自身重要性的需要。在与她共情后，她就可以感受到自己正在被倾听，我可能会建议我们一起带着玩具出门。如果她拒绝，我就可以问，她觉得什么事情能给她带来乐趣的同时也给我带来活力。别小瞧孩子们，他们有很多点子，总能想出两全其美的解决办法。而这个过程中，她对于选择权的需要也得到了满足。

当然，凯蒂仍旧很可能拒绝出门，无论我怎么努力，可能还是很难满足我对活力的渴望。如果真是这样的话，我可以设置一个边界，这在"需要理解"概念中是指去爱而不是去惩罚。"我知道你想留下来继续玩玩具，但是如果我们这样玩一整天，就没办法满足我的需要了。我目前找不到双方都满意的方案，所以只能在你不愿意的情况下仍然坚持出门。"我向女儿描述我在做什么，让她了解我知道自己的解决方案并不适合她。但同时，我因为意识到自己真正的需要，也没那么生气了。我们不是争论策略（我们是否要出门），而是已经转到考虑所涉及的需要了。

将第四种技巧比喻为"炖锅"会利于它在实践中的应用。与直接从问题到解决方案的直线思维不同的是，你把每个人的需要都放到锅里，然后看看会产生什么样的解决方案。

我喜欢"炖锅"这个比喻，因为它形象地说明了"需要理解"解决方案奏效的方式。

·不同情况不同处理——锅里出来的每道菜都是不同的，

这取决于原料（需要）以及它们的组合方式（需要被识别并得到针对性的处理）。

· 富有创意，因为我们知道一个问题通常不止一种解决方法，而是有多种。

· 能产生长期的营养效果，而不是像吃快餐那样解决一时的饱腹问题。

· 虽然"需要理解"解决方案的方式比直接从问题跳到解决方案更耗时，但它是值得的，因为它更美味、更令人满意。

我们将在第四部分探讨如何照顾每个人的需要。

用需要代替策略

要想得到能满足双方需要的解决方案，我们就得静下来认真思考一番。首先你要学会做好准备，放弃以前的常用策略，即直接从问题跳到解决方案，并且把握住潜在需要。这一点和我们大多数人的习惯做法相反。

我们常会执着于自己惯用的策略。举个例子，我有个朋友在学习了"需要理解"之后，用全新视角审了自己的一次经历。几年前，她的公司刚起步，她不断地招兵买马，碰到了一位很满意的员工。问题是，这个新人住在距离公司四百英里外的苏格兰农村，而我朋友认为团队所有成员应该生活在同一个地区。于是她问这位新员工能否考虑搬家。尽管这名员工对公司很满意，但不愿搬家，因为他非常喜欢现在住的地方。他坚持不搬家的理由是他需要自由的空间和美丽的景色。我的朋友建议他搬家更多的是出于人员稳定、人际联结的考虑。如今再回想起当时的情况，她不禁好奇，如果当时就懂得如何把所有的需要都放进一个"锅"里，结果会不会有所不同呢？

每当我们认为问题只有一个解决方案时，我们肯定忘记了某些潜在需要。即使我们一开始没想到，但通常我们会有一系列解决方案可选择。就像锅里的佳肴取决于放了什么配料一样，满足所有需要可做的选择也很丰富。

由于我们通常不区分需要和策略，我们常常不敢放弃惯用方案，长此以往就对惯用方案产生了依赖，认为它代表了我们的需要。但我们要做出些改变，对自己说："我绝对不会放弃我的需要。但我会在十分钟内试着换种方式来解决这个问题。"这样做意味着一系列"附件"的转换，刚开始可能很难。毕竟要我们突然间放下一件事，转而将注意力放到其他事情上，我们难免会感觉有些奇怪，甚至会感到恐惧、出现纰漏。概念很好理解，但习惯难以改变。我们将在第四部分（行事时顾及每个人的需要）再次讨论这个问题。

指纹需要

在本章开头我提到，我通过与女儿谈话确定了自己有"感知自身重要性"的需要。由于我特殊的成长经历，这一需要对我至关重要。我在成长过程中有过多次被忽视的经历，所以一直渴望被重视。当某种行为触及了我对自身重要性的需要，我就发现自己仿佛又回到了童年。如果我没有意识到自己有"感知自身重要性"的需要的话，我就会感觉自己还是一个没长大的孩子，毫无成年人该有的理性。在凯蒂和我的例子中，她显然没有义务让我意识到自己很重要，所以如果我不自行满足这个需要，我就有可能把问题甩给凯蒂。

我把我的这种感知自身重要性的需要称为"指纹需要"，每个人都会有两到五种这类需要，稍后我会就此展开详细探讨。这些需要可以帮助我们理解自己最想改变的一些行为和态度。我们在生活中会遇到很多困难，比如同事很难相处、深陷自我怀疑或与亲人争吵而情绪失控等，这些问题背后的根本原因都是我们对指纹需要不够了解。

指纹需要通常与父母满足我们年幼时的需要的程度有关，而与家庭的温馨程度无关。当成人世界中的某些东西触及我们的"需要"神经时，我们就会迫切想得到未曾得到的东西，甚至会陷入三四岁时的生存模式，即一切都要依赖别人照顾。我们对没有得到满足的指纹需要就会产生过激反应，这很容易导致亲密关系出现裂痕。

你的指纹需要是什么？有一个识别指纹需要行之有效的方法：回想一下哪些情况会令你对他人的言行做出过激反应，反思一下："我为什么会那样做？"例如，开车时，突然有一辆车从小路窜出来在你车前急转弯，这肯定会让你受到惊吓并怒火中烧，如果你这时做出的反应是猛踩油门、大发雷霆、疯狂鸣笛，那就是未满足的指纹需要在悄悄作祟了。

指纹需要会激起人们的深层情感。在培训课上探讨这些问题时，经常有人会感动得声泪俱下。因为他们顿悟了一些往事，比如每次走进办公室都觉得自己低人一等。这其实就是一种宣泄。我们的需要能够解释我们的行为，但前提是得知道自己的需要是什么。我们将在第二部分（带着共情理解自己）对此展开详细探讨。

可是……？

根据我以往的经验，读到这，你可能会有一些问题想问，甚至会提出些反对意见。与其让疑问萦绕心头，不如让我就几个典型问题予以作答。

有时有些人会做坏事。你是让我通过理解他们的需要来体谅他们吗？

不是这样的。对某人的行为产生共情并且理解驱动这种行为的需要，并不意味着你必须接受或同意这种行为。你仍然可以从需要的角度来看待这个人。比起直接评判他们，思考他们为什么会有这样的行为更利于产生建设性解决方案。

我太愤怒 / 焦虑 / 不安 / 麻木……了，我忍不住想怪罪别人，更无法理解别人的需要。

我理解你！我们的感受有时会被另一个人的某个行为一触即发，这也是很多人最想改变的地方。比如我们不想和同事起争执，不想任由老板吓唬我们，或者想让孩子听话。但有时，这些问题非常棘手，因为当我们愤怒和不安（甚至麻木）时，我们就像机器人一样"反应"。对此，我建议你可以把这些事情先放在一边，如此一来你就不会在没有立刻取得成效的时候气馁，而是将注意力转向你感兴趣的事情上。对许多人来说，从这入手会比较容易。在"需要理解"上多加练习，更难的问题也会迎刃而解了。

我不太喜欢"需要"这个词。

你可能觉得"需要"这个词有"缺乏"的含义，暗示着依赖或软弱。很多人也这么觉得。但我目前找不到一个能让所有人都觉得合适的词，众口难调，所以我会沿用"需要"这个词。如果这个词给你造成了困扰，尽可使用你喜欢的词替代。例如："价值"、"对我很重要的事物"或者"我爱的事物"。

我可以将"需要理解"用在自己身上吗？

可以！"需要理解"的好处之一就是，它不需要外人介入，只要你自己知道它的原理或使用技巧即可。如果你能充分听取别人的意见、带着共情发现自身问题，并能让他人理解你的想法，那么你就能够与那些不了解"需要理解"的人建立情感联结。你不需要说服你的配偶、老板或同事主动学习"需要理解"。更重要的是，经常使用"需要理解"，你就会发现人际关系会发生可喜的改变，就好像其他人也同样在改进似的。

我们不可能总是满足每个人的需要，对吧？

没错，我们做不到。这就是为什么第四部分被称为"行事时顾及所有人的需要"，而不是"行事时满足所有人的需要"。

也就是说，即使我们找不到四海皆准的解决方法，我们也要重视一切需要。换言之，随着你对"需要理解"驾轻就熟，你会惊讶地发现自己总能切实满足每个人的需要。

一旦把重点从解决问题转移到理解问题背后的潜在需要上，你就会发现有不计其数的解决方案，以前一个不为所有人所接受的策略现在都会变得可行，因为相互理解和关心可以让我们愉快地换位思考。即使最终只有一方的需要得到了满足，找不到双赢的方案，你们之间的关系也会由于你充分理解对方并产生共情而得以增进，长期来看益处很多。

人类需要一览表太长了——我根本记不住。

乍一看它确实很长，但以下几点可能对你有帮助。

首先，一览表的内容是有限的。这个清单基本涵盖了人性变化能产生的所有需要。人性非常复杂，但我喜欢化繁为简，把我们生存和发展所需的一切都框在一张 A4 纸上。

其次，当你习惯通过需要的视角来观察世界后，你会注意到生活中哪些需要是最常见的。其中一些就是你的指纹需要。我们大多数人只有极个别的指纹需要，还有少数几个是存在于我们的日常生活中的，我们可以把注意力放在这些需要上。

最后，你不是非得记住这个清单，也不需要一直对照着看。随着你不断以新的方式看待自己和他人，你会越来越善于区分策略和需要。这份清单只是作为一个参考，帮助你找到特定情境中的需要，并帮助你侦察到那些反复出现的需要。

要思考的东西太多了。

是的，至少一开始是这样的。我有两个建议。首先，回顾一下过往经历（或未来你会担心的事情），想一想如何将"需要理解"应用于这些情境中。如果以后再出现类似情境，你可不可以换种方式处理。切记，这些情境并未真实发生，所以你只是在心里演练一下该如何处理。另外，你可以选择一个情感风险不高的情境，从低度或中度情感风险的情境练起。

其次，你可以选择一个特定的技巧来练习，并只专注于这个技巧。例如，你可以从带着同理心倾听开始（第一部分），或者从探索自己的指纹需要并找到日常生活中的指纹需要开始（第二部分），你可以试着改变你对外表达感受的方式（第三部分），或者练习协作解决问题的话术（第四部分）。在学习过程中，尽情地去发现最适合你的方法，吸收你喜欢的和觉得有用的东西，把其他的置于脑后。

暂停框

想办法记住人类各种需要

手边必备：人类需要一览表。

把这本书放在手边，在需要一览表那页加上书签。最好登陆 www.needs-understanding.com 打印出清单，把它贴在容易看到的地方，比如冰箱门上。

每次看到需要清单时，先花点时间体会自己的感受，然后再扫视一下清单，看看此时占据你的是哪些需要。

先猜测周围人的感受，然后重复上述步骤以了解他们的需要。

本章第一要点

·个人行为总是在试图满足个人需要。

其他重点……

·建立更快乐和更有成效的关系的秘诀是带着同理心倾听

他人，带着共情理解自己，让别人听见你的声音，并且
行事时顾及所有人的需要。

· 当你不再直接从问题跳跃到策略，而是考虑每个人的需
要时，你就有可能想出更好的解决方案。

· 未被满足的指纹需要可以解释许多重复出现的棘手冲突。

· 即使他人不用"需要理解"，只有你自己用，照样也能有
效改善与他人的关系。

带着同理心倾听

第一部分

本章重点是学会带着同理心倾听。很多人都没有意识到惯常的倾听方式可能会阻碍我们在一段关系中建立有效的情感联结。如果我们带着同理心倾听，就更有可能通过对话促进相互理解，并且得到满足我们所有需要的解决方案。

第二章

避免错误倾听：十种令人疏远的对话误区

- 妨碍情感联结的倾听方式
- 帮帮我——我是一个糟糕的听者！
- 有助于探索倾听能力的问题

第三章

如何正确倾听：建立共情和情感联结的工具

- 带着同理心倾听会有何帮助？
- 究竟什么是同理心？
- 我们如何才能做到更有同理心？
  - 如何做：培养共情态度
  - 说什么：找到你真实的共情语言
- 从共情到行动
- 关于同理心，你可能会有的疑问

第二章

避免错误倾听：十种令人疏远的对话误区

"呃，情况不太妙，"医生说，"我马上安排你做个检查，两周内你应该会收到预约通知。"

我顿感胃中翻江倒海。医生告知我，胸前那块异样皮肤可能不是皮炎，而是癌症的早期症状。我试着通过深呼吸、紧盯着办公室里的椅子和电脑来减轻内心的惶恐。

预约完回到家，为了能让自己好受些，我决定找人倾诉一番。于是我把自己的忧虑讲给一些至亲、好友和同事听。如今再回顾这些对话，我相信他们都想尽其所能地给予我帮助和支持。但是每个人让我感受到的支持程度大相径庭。

差别就在于他们听闻我的病情后的回应。下面所列的这些回应对我可谓毫无助益。

"哦！我能理解你的恐惧——过去三年里我做过五次癌症检查！"

"两周时间太久了，可能会耽误病情。事不宜迟，你应该明天就给诊所打个电话，尽快给你安排检查。"

"别担心，肯定不会是癌症。"

为什么我说这些话对我毫无助益？因为我压根儿没打算向朋友请教克服癌症误诊的惶恐经验；也不想寻求自以为是的加急挂号建议；当我只是被简单告知不要担心时，我非但没有觉得被安慰到，反而觉得对方未曾认真倾听我的心事。

相反，另一些朋友的反馈的确帮助到了我。

"天哪，听起来好可怕。你现在什么感觉啊？"

"你随时都可以向我倾诉，不要有任何压力。"

"如果你做检查需要陪伴的话，我可以陪你去。"

这些话为什么给我带来了温暖和支持呢？我的这个同事首先意识到我可能会害怕，然后问我感觉如何，进而通过倾听帮我分忧；我弟弟让我有需要的话就随时联系他，这意味着我可以向他倾诉，但是不必随时向他汇报病情或安抚他；我的挚友不仅言语之间充满了理解与共情，而且在谈话结束的时候又主动提出要陪我一起去做检查，让我明白了她很在意这件事。

暂停框

探寻被倾听的意义

手边必备：笔和纸。

回忆或想象一下你感到烦躁或生气时的情境。你渴望得到支持，并向朋友、家人倾诉，但是你并没有感觉被倾听和理解。

花点时间记下是他人的什么言行让你觉得自己未被倾听。例如："她一直低头看手机。"或"未待我开口，他便急于讲述自己对解决问题的看法。"

现在想象一下另一种情境。依然是在你感到烦躁或生气的时候，不同的是，这次寻求支持时你感觉自己得到了他人理解。记下来是他人的什么言行让你产生了这种感觉。你可能会写："他的眼神交流很棒。"或"我能清楚地感受到她十分乐于听完我所有的想法。"

在你阅读后文有关习惯性倾听和同理心倾听内容的过程中，请将你有关被倾听和未被倾听的发现记下来。

无论你是倾诉者还是倾听者，都会发现这些反应有些似曾相识。第一类是对我们没有帮助的反应，即习惯性倾听反应。这类反应是我们长期以来逐渐形成的下意识反应，甚至无法察觉。习惯性倾听反应隐藏的问题会让我们在和他人交流时，在彼此之间竖起高墙，阻断联结。

鉴于"需要理解"的第一核心原则是我们的行为是为了满足个人需要，所以当我们倾听他人时，需要找到一种"进入"他们经历的方式，从而能够接触到对他们来说重要的东西。这就是同理心倾听的作用。

阻碍情感联结的倾听方式

回到我们刚才提到的习惯性倾听反应。下面是十种常见且根深蒂固的倾听方式，辅以范例说明。

"一想到要作报告就害怕，光是想想都浑身难受。"	
建议	"你应该寻求高人指点。"
安抚	"别担心，很快就结束了。"
解释或辩解	"我应该早点跟你排练的！"
讲故事	"你要作报告了！太棒了！上个月我听了一场精彩的报告。"
找寻事实	"你上次作报告是什么时候？用幻灯片了吗？"

续表

加倍哭惨	"你这算啥，上次作报告的时候我紧张得吐了，直接跑下了台！"
幽默	"你的报告一定是一流的！记得这次作报告的时候用好插图和表格！"
教导	"作报告的确让人害怕，但是你必须要学会迎难而上。"
忽略	* 想想该给出什么建议 *
同情	"我也经历过。我讨厌那种恐惧感，好几天都夜不能寐。"

想想看，你自己是否曾经做出过以上哪种反应？让我们来探讨一下，我们想要支持对方时做出的这些反应为何会对问题毫无助益。

建议：这是我们常常会做出的反应。面对棘手问题，我们常认为自己的方案就是最优选择，并据此给出建议，结果漠视了他人的感受。

安抚：我们并未试着了解讲话者的感受，一心只想着改善他们的处境。这会让对方缄口无言。

解释或辩解：我们把意见当作一种对自己和他人的攻击，从而陷入解释和辩解的模式，对对方说的话充耳不闻。

讲故事：我们从倾听他人的经历转变为回忆自己的经历，结果导致倾诉者被忽视。

找寻事实：通过提问来理解对方的故事有可能是一种有效的倾听方式。但是，倘若我们只单纯关注故事中自己感兴趣的部分，而对他人真正想告诉我们的事情置若罔闻，问题就出现了。在正确的倾听方式中其实也会出现"找寻事实"这样的举动，但是两者的本质区别在于提问者的动机不同。这会导致倾听的效果存在天壤之别。一种反应是希望对方继续讲下去，另一种反应则是希望听到自己感兴趣的内容。

加倍哭惨：举例说明自己受过同样的问题困扰，只不过自己所受影响程度更深，从而将话题扯回自己身上，让倾诉人失去倾诉欲。

幽默：当我们对交谈中出现的悲伤情绪感到不适、茫然无措时，我们可能会通过开玩笑缓解这种尴尬。这可能让倾诉者误认为我们只想快速结束这个话题。

教导：我们自认为对对方的情况了如指掌，进而对对方的阐述毫无兴致，也不会关心他们是否愿意听我们的观点。

忽略：表现为注意力不集中，或者只顾思考自己接下来要说什么。这两种情况的问题都在于我们太过将注意力集中在自己身上。

同情：人们常常追问同情和同理心的区别。在我看来，同情是推己及人，如"你丢了那么多钱肯定会感到怒火中烧，因为换作我也是一样。"同理心则是设身处地地为他人着想，如

"丢了那么多钱对你有什么影响？"此处并不是做出假设，而是有兴趣去探索他人的世界。同情他人并不会让对方感到被倾听，因为我们会产生一种先入为主的观念，主观判断他们的感受，因而不能设身处地地站在他人的角度看问题。

　　另外一个例子。

"你觉得我这段时间对孩子的陪伴不够，是吗？"	
建议	"可能真是这样。也许你应该考虑换个兼职工作。"
安抚	"我一点都不担心。我父母从来没有长期陪伴过我，我也没受什么影响。"
解释或辩解	"你陪伴孩子的时间怎么都比我长。"
讲故事	"是的，我有一位工作的朋友也有同样的担忧，她……"
找寻事实	"他们参加了多少个俱乐部？每周都去吗？"
加倍哭惨	"你做得很好！我忙得不可开交，都没空见孩子。"
幽默	"只要你还能在街上认出他们，那就没问题！"
教导	"为人父母最重要的就是与孩子共度美好时光。"
忽略	＊眼睛只顾看手机＊
同情	"呃，你一定是担心跟他们相处不够久的话他们会学坏。"

　　最后一个例子。

"每次都得给乔改报告，我都快疯了。"	
建议	"如果我是你的话，我会让她在上交之前检查一下有无拼写错误。"
安抚	"还好只是改些小问题，不幸中的万幸。"
解释或辩解	"也许你对她太严苛了。"
讲故事	"哦，以前也有人这样对我……"
找寻事实	"报告里都是什么内容？"
加倍哭惨	"至少你能按时下班。昨晚我加班加到晚上10点，一直在审我们团队的报告。"
幽默	"那你真是居功至伟！"
教导	"你可以把这看作一个让她学习写作技巧的机会。"
忽略	*想着自己的报告截止日期*
同情	"我理解你。有时人们会因为懒散而写出错误百出的东西，这很让人懊恼。"

习惯性倾听有很多种方式，我举这些例子就是想说明我们有很多种习惯性或无意的倾听方式，这些方式都会让他人感觉自己没有被倾听。

帮帮我——我是一个糟糕的听者！

我第一次了解到这些的时候，认为自己是个非常糟糕的听者，因为我发现自己在生活中无时无刻不在"习惯性倾听"，这样的例子不胜枚举，我一度怀疑自己已经无可救药了。但无独有偶，周围人和我一起探讨此话题时也一次次惊呼在这些例子中能看到自己的身影。因此，并非只有你碰到过这种情况。这里有一些思考方法，可能会对你有所帮助。

首先，你要明白习惯性倾听反应有时只是出现的时机不对。提建议、开玩笑或讲故事可能会大有裨益，但前提是你与对方产生了共情并倾听、理解和接受他们。你不必全盘否定自己的反应，而是要考虑做出这些反应的时机。

其次，发觉过去的习惯性倾听方式毫无助益，但一时又找不到新的方法替代，这是学习新事物的一个必经阶段。学习共情需要时间和毅力，而且需要假以时日才能转化为下意识的能力。

再次，你的习惯性倾听反应总是为了满足个人需要。一个女人下班回到家后看到丈夫正在热饭，说："我今天糟透了。"丈夫回答道："晚饭再过半个小时就好了，你可以先躺一会儿，等你休息好了我这边也做好了。"

然而丈夫没想到妻子看起来满脸失望。因为他觉得让妻子在晚饭前歇一会儿就没事了，这都是为了妻子着想。如果他妻子能够接受他的建议，那么他的目的也就达到了。但他并没有理解妻子渴望被倾听的潜在需要。妻子觉得丈夫漠视了自己的感受，更糟糕的是她觉得自己反而应该感谢丈夫的提议。如果从同理心的角度来看，这位丈夫应该向妻子询问今天到底发生了什么，了解背后的原因，或者问问妻子他能帮上什么忙。无论使用哪种方式，都表明他在努力了解妻子的需要，都比将自己代入情境中假设自己做出的反应要好。

切记，很多时候我们结束一场对话是因为自己有太多的事情同时亟待处理。丈夫可能有自己的烦心事，所以更没工夫倾听妻子说些什么了。在这个情境中，丈夫可以回答："我很想听你倾诉，但是今天我也过得很不如意，可能没法恰当地倾听你。要不我们晚点吃饭，先出去散散步，回来后坐下好好谈谈？"

有助于探索倾听能力的问题

所以你能做些什么？第一步就是要找出是哪些习惯性倾听方式阻碍了你和他人之间的情感联结。识别出自己最常做出的反应，你就可以择机因势利导或及时止损。第二步就是学习如何产生同理心，这也是下一章的主题。

本章最后提供了四个与习惯性倾听有关的问题，帮助你识别习惯性倾听在日常生活中的产生情境与改变契机。

问题 1：别人分享感受时，你是否感到不适？

在习惯性倾听中，我们的对话重心可能会偏离讲话者的感受，因为我们觉得自己对他们的感受束手无策。这背后有很多原因，理解这些原因可以帮助我们改变倾听方式。其中一些原因如下。

对负面感受感到不适，例如恐惧、疼痛、愤怒和悲伤。也许在我们的成长过程中，这些感受从未得到成熟妥善的处理。我们并没有正确处理这些感受的经验，因而在面对负面感受时只能按照过往的习惯加以处理或回避。

因过度共情而不堪重负。健康的同理心是指能够对他人的遭遇有所感知以及体悟他人的感受。但如果我们对他人的问题产生了过度共情，就可能使自身不堪重负。

先学会处理自己的感受，我们才能更好地推己及人。在第二部分我们会从各个不同的角度识别和处理自身的感受。（即带着共情理解自己。）

认为只要转移话题，他们的感受就会消失。他们会因此而感觉更好。但事实并非如此。人们当下的感受才是解决问题的关键，下文会提到，感受会告诉我们什么没有奏效。

我们自以为懂得如何解决问题，所以给出建议，以为可以改善对方心情。在合适的时机，提出建议可能会起到一定效果，但若对方没有感觉到"被理解"，那么提出建议往往是多此一举。

我们有强烈的自我感受，所以无法对对方感同身受。有时我们自己都需要共情和理解，也就很难和他人产生共情了。这也是我们所处的亲密关系（其中有很多利益关系）经常产生问题的原因。我们首先需要照顾到自身感受，其次才是他人感受，只有这样我们才能相互理解。

我们主观代入了对方所说的话，这导致我们因陷入羞愧、愤怒，或自我辩解而对他人说的话置若罔闻。所以，我们需要首先照顾到自身的感受才能更好地倾听他人。

我们怀疑自己的倾听能力，认为自己不擅长共情或不知道如何共情。这将我们与对方割裂开来、使我们故步自封。稍后我们会提到，培养一种自我共情的态度会有所帮助：通过自我共情，我们可以接受对自己的评判，并将注意力转回到说话者身上。

问题 2：当你倾听时，你的关注点在哪？

习惯性倾听使得我们将注意力从听者身上转移到自己身上。例如有时我们只顾思考自己接下来要说什么而忽视了倾听，或有时我们太急于分享自己的经历。这些都会让对方感到被忽视。关注他人而非自身可以帮助我们带着同理心倾听。我们可以问自己："我该怎么说、怎么做才能让谈话聚焦在对方身上？谁才是这次交流的主角？"

问题 3：对方希望从你身上得到什么？

在任何一次交流中，倾诉方都盼有所得，尽管双方可能暂时都无法说出具体所指。所以如果我们是倾听方，在开口前应该先问问自己："对方需要什么？他们希望我倾听他们吗？他们希望我帮忙支招吗？他们希望我说话还是保持沉默？"这能帮助我们专注于倾听他人并做出最有助益的反应。

此外，人们并非总是需要共情。如果你因为家里的中央供暖系统有问题叫来了一个水管工，那你的目的就是让他帮忙修理，而不是花费功夫听你如何吐槽恒温器。有时候对方明显是想向你请教接下来该如何做，而你的建议或所讲的故事可能正中对方下怀；他们并不想被倾听。当你试着去了解他人在寻找什么的时候，你就会更清楚对方需要什么以及何时需要。

问题 4：什么会阻止你产生共情？

也许你因对共情有所顾虑而继续选择习惯性倾听，即便你已经饱受其害。你对共情有以下这些顾虑。

和他人产生共情太费时了。还不如直奔主题，给出解决问题的方案或想法。与其跳过共情阶段，倒不如让对方感受到被倾听，这样问题更容易得到解决。

共情不仅仅适用于优秀的倾听者。我们将在下一章谈到，无论你自身是否是一个同理心很强的人，你都是可以学习共情技巧的。共情本质上是很简单的，尽管做起来并不简单。心理治疗师希薇雅·布尔斯坦写过一本书，叫《坐下来，什么都别做》①。该书主要介绍的是冥想，但是书名表明了共情的简单之

---

① 希薇雅·布尔斯坦，《坐下来，什么都别做》，哈珀出版社，1996。

处，即你只需要坐在那里倾听他人分享自己的经历。有时我们觉得这很困难，因为我们太习惯于将自己的想法强加给别人，以至于我们觉得自己没有同理心。然而，我们并不需要特定的语言或行为来彰显同理心，只要有此想法，就已成功大半。我们将在下一章讲述如何将同理心付诸实践，并探索如何让你用一种真切的方式进行共情。

你也许觉得和他人共情会失去对自己重要的东西。以开放的心态倾听他人观点、理解他人想法会让人担心：这是否意味着我们要放弃自己的观点，接受自己并不认同的行为？然而，用"需要理解"的方式去共情并不等于为了倾听而对他人观点全盘接受。你可以坚持自己的需要和价值观，同时去倾听、理解他人。如此，你能在更多了解对方观点的同时注重自己的需要和价值观。

同理心倾听在文字交流方面同样奏效。写邮件或发布社交动态同样是实时的交流沟通。在脸书（Facebook）的一个作家群里，有位受挫的朋友发帖求助，接着就收到了很多类似于这样的评论："你试过这样做吗？"和"你为什么不那样做？"尽管这些留言的出发点是好的，但书面形式很容易传递一种不近人情的感觉。当我和她聊起这件事情时，她的感觉更糟了，那些建议她根本不会考虑。她最想要的其实是别人的关怀和共情，一些诸如"你真的太不容易了"这样的安慰话语。只有这样才能让她感受到自己被倾听，从而能更轻易地接受一些实用的建议。

在下一章中，我们将深入探讨如何带着同理心倾听，包括如何将你的注意力集中在说话者身上，从而让对方分享自己的真情实感以及感受到真正地被倾听。

本章第一要点

· 如果我们一味灌输自己的见解而不是倾听他人，就是在习惯性地或无意识地忽视别人的感受。

其他重点……

· 我们无法带着同理心倾听可以归结为自身感受不自洽。

· 如果我们能倾听和理解他人，就更能帮助他人敞开心扉。

· 带着同理心倾听是了解他人潜在需要的第一步，反过来也可以促成富有成效的交流。

第三章

如何正确倾听：建立共情和情感联结的方法

上一章我们讨论了自己是如何无意中阻断和他人建立情感联结的，这一章我们来看一下究竟应该怎么做。我们将全方位地探讨富有理解和洞察力的倾听，这样我们就能在了解彼此需要的基础上建立起关系。这样的倾听方式是充实我们工作和个人生活的第一步。

接下来我们会探讨：

· 为什么要带着同理心倾听；

· 什么是同理心；

· 我们如何变得更富同理心；

· 运用同理心时常见的问题。

带着同理心倾听会有何帮助？

我初次见到伊恩时，他正因女儿莉迪亚想从六年制大学退学而沮丧万分。莉迪亚的学习能力很强，有能力成为出色的学生。伊恩花了几周的时间试图说服莉迪亚不要退学，费尽周折也没有成功。其实这种劝导只会导致更多分歧，伊恩为此一筹莫展。而在学习了带着同理心倾听这一方法后，他决定实践一下。这次他没有规劝莉迪亚，而是首先考虑两人间的情感联结，然后倾听她的意见。在车上，伊恩询问了女儿对于大学的看法，但并未试图改变她的想法。

莉迪亚说："学业任务繁重，再加上我每天都要长途跋涉地去上学，我真的压力太大了。其他人都很适应，但我在那里没有一个朋友。我感觉自己就是在虚度光阴。我讨厌这样。"

伊恩听进去了，并表示自己理解她的心情，示意她接着说下去。这一路的谈话快要结束时，伊恩发现女儿察觉到了自己在沟通方法上的变化，而且她能看出来伊恩是真心实意地想要听她诉说。伊恩这才意识到，与女儿保持良好的关系远比她是否去上大学重要，这种变化让伊恩更加开明地看待女儿未来的选择。

最后，在伊恩的支持下，莉迪亚离开了大学，谋得了一份工作。半年后，莉迪亚决定回到学校参加 A 级考试——这是她自愿做出的决定。很多望子成龙、望女成凤的父母都会干预孩子的选择，但问题是，带着同理心对待这件事往往可以打破僵局、开拓新局。五年过去了，伊恩仍会将如今自己和女儿融洽的父女关系归功于那次车上的谈话。

伊恩的故事也告诉我们同理心之所以在解决难题时能行之

有效，主要有两个原因。

首先，同理心可以帮助你建立一种高质量的情感联结，进而拓宽你的人际关系。无论你对路人还是对家人展示同理心，它都能让对方感受到自己被倾听。

其次，同理心可以帮你找到折中的解决方案，因为一旦他人感觉到自己被倾听，就会自然而然地把精力集中到解决问题上。我喜欢剑桥大学心理学和精神病学系教授西蒙·巴伦-科恩对同理心的表述："同理心就像一种通用的溶剂，任何浸泡其中的问题都能得到解决。"考虑到人类面临的问题数量之多、范围之广，我们可以预见提高对同理心的关注度会产生多大影响。

究竟什么是同理心？

鉴于同理心是建立情感联结的基础，我们首先了解一下什么是同理心。关于同理心的定义有很多，但从"需要理解"的角度来看，我认为最贴切的定义是："我理解且接受你的经历与感受，但不予评判。"一言以蔽之，"倾听你，满足你的需要。"

请你想象有两座岛屿。假设你自己在一座岛上，而对方在另一座岛上。此时产生共情意味着你驶离自己的岛屿，驶向他们的岛屿。上岸后，你发现你对这里的气候、植被都十分陌生，这里充满着神秘色彩。你不禁好奇这块土地究竟是什么样子的，该如何探索它。当然，你也可以随时选择返回自己熟悉的岛屿上。但既来之则安之，你可以暂且把回去的念头抛在脑后，集中精力观察他人的世界。这个过程就叫作和他人同理。

　　拥有同理心意味着无条件地接受和温暖他人，即了解他人的经历，让他们知道自己被完全接受和理解。这种理解不仅仅是理性的，还应是感性的。真正的同理心就像访问他人的岛屿那样换位思考，站在他人的视角观察世界。

我们如何才能做到更有同理心？

　　多年来，我一直觉得自己缺乏同理心。这种自我否定终日困扰着我，因为我一直渴望成为一个社交达人。但讽刺的是，我越是担心自己缺乏同理心，这一缺点就越是会在我跟他人交流时被无限放大，主要表现为一心沉浸在自己的不安全感中而对他人说的话置若罔闻。如今，每当有人称赞我是一个优秀的倾听者时，我都感到欣慰，因为我知道自己终于做到了。

　　同理心是可以后天培养的，并能在很大程度上改变我们的人际交往方式，帮助我们找到多赢的问题解决方案，从而让我们自己的生活以及周围的世界变得更加美好。

培养同理心的方法有很多，但如果你不知从何处开始，可以先从这两个方面入手：

- **如何做**：培养共情态度。
- **说什么**：找到你真实的共情语言。

如何做：培养共情态度

要想变得更富同理心，首先要用共情善待自己，然后推己及人。戴上"需要眼镜"，你就会发现每个人的所言所行都是为了满足个人需要，这启示你可以投其所好、对症下药。如果你想要和他人建立更深的情感联结，可以：

1. 检查自己的情绪状态是否良好以便倾听他人；
2. 专心倾听；
3. 选择共情的角度。

1. 检查自己的情绪状态是否良好以便倾听他人

假设你在忙碌了一天后感到筋疲力尽，又刚刚接到电话被告知一个坏消息，或者你在生活中屡屡受挫，这些情况下你都需要一些时间来重振旗鼓，然后才能对他人敞开心扉。假设你的伴侣每天都加班到很晚才回家，只有你一个人做晚饭，你们两个人就这件事产生了分歧，这可能是因为你没有在对方刚进家门的那一刻就开展建设性的对话。如果你把注意力都放在自己身上，例如被压力、沮丧感和愤怒所左右的时候，你的注意都在这些感受上，你很难真正听到对方在说什么。再比如你心生评判的时候："我是个糟糕的倾听者""我又做错了""为什么我总是这样？"你都难以倾听他人。

我们将在下一部分探讨如何处理对自己或对他人的指责性想法。现在，你可以试着在轻松的场合练习。譬如在他人和你分享喜悦，或有你喜欢的人在身边时，站在对方的"岛屿"上看待问题。如果你忍不住想提出建议和自己的见解，请在心里记下这些建议和见解，保持沉默。

这点至关重要，因为这是我们在改变倾听方式的过程中最艰难的一环。我们可能渴望改善自己与合作伙伴、父母、孩子或最交好的同事之间的关系。这不成问题，但前提是我们先要学会在一些简单的场景中产生共情，并拥有应对个人反应的工具，这对很多人来说都很难做到。学会共情意味着不要太过纠结于我们自己的事情。

2. 专心倾听

这一点对我们大多数人来说都"知之非艰，行之惟艰"。你可以采取一些实际行动，让自己倾听时更加专注，例如关掉手机以确保自己不会被打断。但是即便如此，你也会注意到大脑有它自己的想法，让你变得心不在焉，满脑子都在想自己如何看待对方所说的话或者晚餐准备吃什么。这就好比你原本打算去参观对方的岛屿，但无奈天公不作美，地平线上突然风起云涌，你只得作罢，这时你满脑子想的都是怎么平安返航。

如果你能注意到自己正在走神，那情况还不算糟糕，毕竟亡羊补牢，犹未为晚。你可以把其他念头先放一放，等会儿再想，先好好倾听对方。根据我的经验，无论我们再怎么练习倾听和共情，都难免会走神。我们要力求的不是杜绝走神，而是要学会抑制走神，从而将自己的注意力放在对方身上。

3. 选择共情的角度

戴上"需要眼镜"，你就会发现对方的一切言行都是为了满足他自己的潜在需要。一个行之有效的办法就是仔细思考：对方渴望什么？什么对他们来说是重要的？他们言语的背后有什么隐藏信息？从需要的角度看问题，你就无须迎合他人的言行，而只需静静地倾听对方。

倾听过程中，有时你会代入自己的主观想法，或者你会评判对方："他究竟为何那样做？"或"你早就应该料到今天这步。"这反过来又可能引发你的思考："我重蹈覆辙了——我现在应该知道如何倾听了"，或者"我这个朋友当得太不称职了！"如果你发现自己被辩解、辩护或评判所吞噬，那么你就无法做到共情。同理，这也适用于你执意要求对方改变观点的情境。我们将在本书的下一部分探讨如何转变这些评判，现在先暂且不谈。

暂停框

从他人"不要"的背后发掘"要"

练习同理心倾听的一个有趣方法就是，思考一下：他人说"不要"背后的"要"是什么。换句话说，当有人对你的提议说"不要"时，想一想他们会对何种需要说"要"呢？他们优先考虑的是什么需要？

例如，回想一下我女儿拒绝去咖啡馆那个故事。在那件事里，她"不要"的是外出，而"不要"背后的"要"是她对乐趣和选择的需要。如果有同事对你的求助说"不要"，那她可能在对刺激、兴趣、空间和休息的需要说"要"。通过猜测他人想要说"要"的原因，可以帮助你探索双赢的解决方案。从个种意义上来看，"不要"只是交流的开始。

你可能会回忆起最近几次和他人的互动。在他人对你说"不要"的背后，可能隐藏着什么需要？

猜测他人的需要是不是意味着你在经历着另一种"不要"？

说什么：找到你真实的共情语言

　　你已经到了他人的岛屿上，你打量着周围环境，但你需要什么工具来帮助你探索呢——也许是一个手电筒、一把铲子、一副望远镜？同样的道理，你进行共情所需的工具就是语言，但找到合适的语言殊为不易。你会发现，如果有一些推荐短语可供练习的话，你就更容易找到你真实的共情语言。你甚至会发现"先假装拥有，直到你真的拥有"这一方法屡试不爽，它能帮你培养出一种更富同理心的态度。

　　另外，如果你觉得我推荐的词汇和短语会限制你的思路，就当我没说。只要你有同理心的态度，任何词语都会有用武之地。同样地，你可以用自己觉得合适的词畅所欲言，但如果你口是心非，就不可能做到带着同理心倾听。

这里有五个建议：

· 沉默
· 提示性语言
· 总结
· 验证感受
· 猜测感受或需要

沉默

所谓同理心，实际上是指我们和别人说话时自身所带的气场给人的感觉，而气场不一定非得由言语表现出来，也可以通过沉默、眼神交流和肢体语言来有力地传达给对方。如果你像我一样表达欲旺盛，抑或你喜欢过度思考自己该说什么，那么建议你保持沉默，这能让对方感受到你的陪伴。

沉默也是学习同理心技巧的一个小妙招，因为只要闭上嘴巴，你就不用再考虑说什么了，而且可以练习自己的气场。你可以在开会或和人交流时，全神贯注于说话人，并在回应前问他们是否还有什么要补充的。

提示性语言

提示他人可以帮助他人在讲故事时保持自信。此举可以让他人知道你在倾听，并想接着听下去。我们在前面讲述习惯性倾听时，探讨了澄清事实与找寻事实之间的区别。提示性语言与此类似，它会让你把注意力集中在你认为他人最想说的话上，而不是把谈话引向你想要的方向。

这里有几句提示性语言话术，它们多是开放性问题，供你参考。

"然后发生了什么？"

"你觉得怎么样？"

"你还有什么想告诉我的吗？"

"嗯……"

总结

总结或反思是指你试图抓住对方所说内容的本质，并将其反馈给对方。你不必拘泥于他们具体说了什么话，只需要总结出他们在乎的内容。

这里有一些你可以用于总结的开场白：

"我听到……"

"听起来……"

"你是想说……"

"我的理解是……是这样吗？"

验证感受

这是能证明你在倾听对方的有效方式，因为这一方法包含察觉和重视他人的感受。验证感受并不代表你同意他人的观点或赞同他的选择，而是表明你理解他人。下面这些例子可以帮你理解验证感受是如何发挥作用的。

"考虑到你以前的经历，我明白你为什么这么担心了。"

"换作是我在那样的情形中，我能想象……"

"我非常理解你为何对他说的那句话感到气愤。"

猜测感受或需要

富有同情心要求你能和对方的感受和需要产生情感联结。如果你注意到了这些，可以把自己的猜测大声说出来。

"所以你只是想了解更多会议内容？"（猜测对方需要信息）

"你想得到团队的肯定，即使你不是经理？"（猜测对方需要赞赏或认可）

"你是否会因为无人倾听你而感到沮丧？"（猜测对方有一种挫败感和渴望被倾听的需要）

"我猜你对进展很满意吧？"（猜测对方有一种兴奋感）

猜测他人感受或需要的真正目的不是找到正确答案。事实上，猜测结果并不重要。重要的是，通过猜测，你能从感受或需要的视角来审视你们的对话，进而促进相互理解、建立情感联结。如果你的猜测是错的，对方可能会纠正，并道出实情。

猜测确实会有风险，它可能会让你在分析对方的感受或需要过程中一直沉浸在自己的世界里。将自己从个人感受中脱离出来去建立情感联结并不可取。采用此方法的目的是理解对方的感受，并关注对方的感受。若这样会让你分心，那就换一种方法。

从共情到行动

作为倾听者，你还应该有能力识别同理心是否发挥了作用。你也许会注意到一些迹象，如发现说话人在得到足够共情后会停止说话、发出叹息，或者语气发生变化，或表现出身体上的放松：肩膀下垂或面部放松。

如果要采取行动的话，就要在这时乘胜追击、提出建议。值得注意的是，这种寻找解决方案的方式与未和对方共情的情况所耗费的精力截然不同。人们在未被倾听的情况下，会感到恐慌和绝望，但当得到他人共情时则会获得安全感，更易运用创造力去解决问题。这时你可以问自己："我怎样才能为对方提供最大的帮助？什么东西能创造最多的情感联结？我怎样才能最大限度地帮到对方？"这时候，他们自己找到的方案，或者你们一起想出的举措，都有可能奏效。

我刚刚开始设计自己的网课时，曾加入过一个指导小组。有一次开组会，一位名为拉迪卡的女士打着电话便来了，她看起来有些心烦意乱、精神不济，一反平日里落落大方、干练自如的常态。她告诉我们她正为一个课程的启动而发愁，我们很乐意为她出谋划策，她也欣然地都记了下来。但我想知道的是她是否有采纳这些建议，并且，我觉得她在践行这些建议之前，需要得到他人的共情。

"拉迪卡，"我说，"你今天看起来很反常，在我们继续会议之前，你有什么想说的吗？"顷刻间，她泪流满面——很明显，她有心事。没过多久，她给我发了一封电子邮件，说她已经感觉好多了，可以将这些建议付诸实践了。

关于同理心，你可能会有的疑问

我能对生我气的人共情吗？

当然可以。对大多数人来说，在这种情况下很难和对方共情。对方可能在生你的气，或者有可能在生别人的气，转而又把气撒在了你身上。虽然这些情况很棘手，但往往在这些情况下你的反应最能彰显你的同理心，人们预料不到与自己置气的人仍会关心他们的感受。

鉴于这种情况过于棘手，我建议你可以先在不那么剑拔弩张的情境中练习以便提升共情能力。我在此提到这种类型的对话是为了让你明白，倾听他人的愤怒而不主观代入（也不放弃自己的立场）和寻找建设性的解决方案是不冲突的。如果我们能够与那些讨厌我们的立场的人产生共情，就可以拉近彼此的距离，深化相互间的理解与合作。

共情和同情有什么区别？

我们之前提到过这个问题，在这里再探讨一下，因为如果我们想学会与他人共情，首先必须能辨别二者的区别。同情是指我站在你的立场上，从自己的角度想象你的情况。而共情同样是指我站在你的立场上，但这一次我试图通过动用自己的感觉和想法从你的角度来看待问题。这就好比我是通过了解你的身份和经历来感知你的，而不是想象如果我是你会怎样。

共情不就是为了获得我想要的东西而采取的策略吗？

真正的共情不是这样的。这种所谓的共情常被人们用来改变他人的想法："我知道你的意思，但是……"或者"我明白你的意思，但是……"。这样做你就是在使用一些看似是但实际上并不是同理心的东西来说服对方接受你的观点。

你与他人共情的意图是分辨真假共情的关键因素。当你试图通过共情获得自己想要的东西时，对方很可能会对此有所察觉并拒绝共情。真正的共情是理解他人，从而建立情感联结、改变对方的想法。因为只有让他人相信你明白他们的真正诉求，关心了解他们，才更有可能使他人对你敞开心扉。即使他们对此表示抗拒，那你依然可以通过真正地理解他们的观点，而不是强推自己的解决方案来维系你们的关系。

如何不让他人的感受造成自己不堪重负？

如果你是人人都来征求意见的"老好人"，疲于为他人的问题奔命，或者你是那个总是试图帮助你家里的人，最后感到不堪重负，那么这时你可能已经从共情变成了过度给予。

共情是你通过感知他人的经历——访问他们的岛屿，与他人建立情感联结的过程。但前提是你们双方都有获益。这与登上另外一座岛屿，在回家之前记住那里的语言和习俗是不同的。如果你过度认同他人的感受，并把它们当作自己的感受，致使自己精疲力竭、丧失处理自己的问题的能力，那这就是过度给予。随着本书的展开，我们将更多关注如何识别在什么时候照顾自己的需要，以及如何在这两者之间划出界线。

我能用自己的方式共情吗？

当然可以！你可以用双方都适用的方式——使用语言（或

不使用），保持沉默（或不沉默），采取行动（或只是陪着他们）。这里有一个发生在我朋友贾马尔身上的有趣例子。有一次在听完女友艾玛分析自己做生意失败的所有原因后，他开始给她建议，并安慰她一切都会好起来的，但他很快意识到这对她毫无帮助——他所做的一切都在试图安抚她。于是他放弃了这次尝试。第二次尝试时，贾马尔打了个比方，他把艾玛做生意的经历比作怀胎十月一朝分娩。痛苦和混乱都是一时的，最终一定会如愿以偿的。这种说话方式并不是他的"自然领地"，但他愿意摆渡到艾玛的岛上，以她的方式思考问题、建立情感联结。艾玛理解了这种说法，因为这种比喻与她自己的思维方式相似。相似的思维方式，加之男友的关怀，艾玛感觉自己被真正地"倾听"了。

本章第一要点

· 带着同理心倾听是可以后天习得的。

其他重点……

· 带着同理心倾听是指以一种双方均适用的方式体会他人的感受。

· 知道他人言行都是为了满足个人需要，这是带着同理心倾听的基础。

· 你在倾听时可以使用任何一种真实的语言来表示你理解他人。

· 对方知道自己被共情后更易运用创造力去解决问题。

带着共情理解自身

第二部分

这一部分探讨的是我们自身的需要。有些人可能一辈子都不知道自己有哪些需要，也不知道需要怎么影响人的思维和行为。但认清需要后，我们才能更好地处理需要，认识到错误的做法并了解应该怎么办。

第四章

你的行为驱动力是什么？了解自身的需要

第五章

如何应对困境：实现自我共情的方法

第四章

你的行为驱动力是什么？
了解自身的需要

有时你会对孩子大喊大叫；抱怨老板给你安排太多工作而且蛮横无理；你觉得自己的工作表现很差；你很恼怒、焦虑，感觉自己筋疲力尽。每个人的生活里都有各种各样的挑战，如果通过需要的视角看待它们，我们便能更加轻松地应对。有时候我们会做出自己厌恶的行为，产生负面感受，对自己和他人一肚子评判，这些都是在试图满足我们自身的需要。但我们满足需要的方式可能并不适用于每个人。

让我们复习一下"需要理解"的两个核心原则：

· 原则一：我们的行为是为了满足个人需要。
· 原则二：只有行事时顾及每个人的需要，世界才能以最佳状态运行。

带着同理心倾听，发现别人的需要，这是一项强大的能力。但我们的自身需要呢？怎么发现自身需要？它们又有什么益处呢？在本章中，我们将一同探索怎么用带有同理心的方式将"需要理解"用于自身。

关注自身需要在一开始可能会让人感觉有些别扭，因为我们都不习惯探索自己的内心世界，觉得这是在纵容自己。我们几乎不会注意到自身需要，即便注意到了也会觉得它们不合理或者太难实现，从而变得手足无措。"需要理解"给我们提供了一种方法，让我们能够准确识别并满足自身需要，如此一来我们便可以过上更好的生活，为他人做出更多贡献。

本章的主要目的是给读者介绍几种方法，让大家识别出自己的需要。了解自身需要后，我们能更高效地沟通，更关心他人，在遇到问题时能找到对所有人都行之有效的解决方法。本章还会提到如何在一些特别棘手的场合应用"需要理解"。

如何连接自身需要

前面的章节曾提到，带着同理心倾听他人就像从你的岛驶向别人的岛上游览一番。现在，我想让你扩建自己的岛屿。你会发现你的需要就像澄澈剔透的溪流，遍布整个岛屿。这些小溪汩汩地在岛上蜿蜒流淌，滋润着每一寸土地，随处播撒生机。

如果你好奇是什么在背后驱使着你的行为，你可以问问自己"我的需要是什么？"你会看到这些代表着需要的溪流，然后马上就能意识到自己的状态。人类需要一览表能起到一定的帮助作用，但你需要多加练习才能准确识别自身需要。它们可能藏在代表着困惑的丛林深处，或者在你不愿意探索的黑暗洞穴中，或是深藏地下。

识别需要的两个指南

但幸好你的岛上有两个充满智慧的指南，它们会引导你关注需要，也会指引你找到需要。这两个指南各有侧重：其一是晴雨表，代表你的感受；其二是怪兽，代表着你的评判。这两个指南看似矛盾，但你其实可以利用它们处理各种棘手情况。

在此之前，我想再次提醒一下大家，在复杂情境中找到自身需要极其困难。你可以趁热打铁，现在就试试这两个指南。等你可以熟练地识别自身需要，知道困境背后是什么需要时，它们就成了你思维过程的一部分了。

指南一：晴雨表（你的感受）

第一个指南是晴雨表，也就是你的各种感受。轻柔的风、酷热的高温以及倾盆大雨，这些天气迹象和感受很像，有各种各样的表现形式，瞬息万变。

如果我问你"你现在感受怎么样？"，你可能没法回答我。每个人形容自身感受的能力不一样，有些人知道怎么表达和管理感受，有些人不知道。我们一直被教育，认为生气不好，没必要不开心，或者要避免某些感受。又或许在我们的成长过程中，家人表达悲伤和愤怒的方式很可怕，让我们缺乏安全感。结果长大之后的我们不知道怎么管理自己的感受。我们只能遏制住一部分感受，却常常受制于其余感受，最终变得麻木不仁，失去掌控。

关注自身感受，将其视为解锁需要的钥匙。开心、满意和喜悦标志着我们的需要得到了满足，而愤怒、悲伤和焦虑则代表着需要没有得到满足。

举个例子来说，当你不开心的时候，背后的需要是什么？可能是你对于亲密关系的需要、对情感联结的需要、对陪伴的需要。或者换个例子，当你开心地准备去野餐时，是什么需要得到满足了？恢复活力？愉悦？乐趣？这些感受和需要之间的关联仅作为例子供你参考，感受背后可能会有很多需要，具体是哪些，则因人和情况而异。

下方的人类感受一览表可以让你随时识别自己的感受。本书最后也附有此表以供参考。

人类感受一览表

高兴，幸福，满怀希望，开心，满意，愉悦，极为幸福，勇敢，感谢，自信，如释重负，触动，自豪，乐观，狂喜，温暖，美妙。

激动，惊奇，开怀，精力旺盛，惊讶，屏气敛息，热忱，精力充沛，热情，着迷，受启发，趣味，入迷，激励。

宁静，平静，惬意，开朗，极为幸福，满意，放松，安全，干净，舒适，愉快，如释重负。

有爱心，温暖，深情，柔软，友善，敏感，共情，养育，满怀信任，热心，感动。

有趣的，精力充沛，神清气爽，机敏，激励，精力旺盛，新奇，热忱，热情，好奇。

精神振作，放松，机敏，神清气爽，强壮，有活力，活力四射。

欣慰，感谢，感激，满足。

难过，孤独，沉重，无助，悲伤，受宠若惊，恍惚，挫败，苦恼，惊愕，忧虑，抑郁，绝望，失望。

向往，渴望，怀旧，悔恨，憔悴，渴求，后悔，伤感。

害怕，畏惧，担忧，惊恐，紧张，惊慌失措，恐惧，焦虑，孤独，多疑，怀疑，惊慌，担心，惊吓，嫉妒，惊讶。

愤怒，气恼，懊恼，大怒，气愤，暴怒，敌对，悲观，仇恨，厌恶，烦扰，失望，不快，烦乱。

困惑，犹豫，烦恼，纠结，心神不宁，着急，担心，迷惑，麻烦，迟疑，不安。

劳累，耗尽，不在乎，受宠若惊，力竭，无助，沉重，困乏，退缩，冷淡，无聊，懒散，麻木。

不适，痛苦，心神不宁，受伤，郁闷，惭愧，羞愧，内疚，不耐烦，激怒，躁动。

　　如果你判断不出自己的感受，哪怕只是偶尔，你可以试着关注自己的身体反应。身体会对体内外环境的改变做出反应，感受则是解读身体反应的语言。例如，如果你觉得腰酸背痛、浑身紧绷，这可能说明你的压力比较大。如果你觉得很温暖，感到舒缓和放松，这可能说明你感到很开心。很多人习惯了用脑袋思考，却忽视了身体反应。通过分析身体的各种反应，我们可以更好地理解自身感受。本书最后附有一张列出了各种身体反应的表格，以供参考。

暂停框

试着将感受和需要联系起来

手边必备：人类需要一览表。

看看你都有哪些需要，把感受和需要联系起来。为了沉浸式体验每个步骤，请闭上眼睛。如果走神了，试着慢慢把注意力调回到呼吸和身体本身上。

1. 找个舒服的姿势，深呼吸几次，将注意力集中在吸气和呼气上。

2. 把注意力放在头部。你感觉到了哪些身体反应？你可能会感到温暖、紧张、悸动、生硬等。

3. 将注意力慢慢转移到其他部位，从头到脚趾。和刚才一样，留意身体各部位的感受。

4. 检视过全身后，问问自己："应该怎么用文字形容我刚才的感受？我焦虑吗？还是劳累？感觉惬意？还是恼怒？或者是别的什么感受？"

5. 参照人类需要一览表，仔细想想感受背后的需要是什么。如果你感觉焦虑，是不是对自己的现状不满意？如果感到很幸福，可能你正处于一段亲密关系中。

6. 思考你的发现，想想以后如何对其加以应用。

　　当强烈感受出现时，怎么找到其背后的需要？介绍人类需要一览表时，我说过一些需要可能会反复出现，这些就是指纹需要，能引起强烈感受。它们和普通需要之间最明显的区别是它们反复出现，并且总是引起过激反应。不了解自己的指纹需要，就无法理解自身的过激反应。但如果知道了源头是指纹需要，我们就要利用自身感受去找到它们。这点我们会在之后的章节详细讨论。下次你对某人或者某件事过激反应时，想想背后是不是指纹需要在作祟。要是你还不确定你有哪些指纹需要，尝试分析自身的过激反应，这是识别指纹需要的方法之一。

　　感情生活是我们与自己和世界相处的重要部分。感受包含着需要传递的微弱信息，了解了这一点，我们就能接受需要，知道它们代表着什么，并主动做出回应。弄清感受包含的信息后，感受便是宝贵的资源，而非阻碍。无论何时，感受都能指引我们找到内心真谛。

指南二：怪兽（你的评判）

你可能没料到，找到需要还有第二个指南，尤其是当事情发展不顺时，这个指南就格外重要——那就是你的评判。评判就像藏在岛上丛林和洞穴深处的怪兽，背后长满尖刺，目露凶光，通体煞绿。它们大部分时间都在低声沉鸣，但被激怒时会发出最恐怖的嘶吼。

这些怪兽到底是什么呢？换句话说，我们对自己、对别人，或者在某种情况下怀有的评判到底是什么？我们可以把它们分成几个不同的类别。

- **挑错和怪罪他人**：都是我的错；你气死我了；要是她……就好了……
- **评价和贴标签**：我不是个好父母；她太难相处了；这事儿真让人火冒三丈；政府真愚蠢。
- **后悔**：我要是早知道就好了；本来我现在应该已经办好了；你早就应该想到。
- **比较**：她比我更好；你怎么就不能跟他学学？
- **要求和威胁**：你必须这样做；你要是不按我说的做，我就……
- **两极思维**：我总是犯同样的错误；你总这么说，但你从来不付诸实践。
- **道德评判**：赶工是不对的；人应有自由的思想才是对的；乱扔垃圾是不对的；交税是对的。

无论愿不愿意承认,大多数人每天都会产生无数次这种想法。有些人喜欢和别人争论,把自己带有评判的想法强加给别人;有些人对自己很严格,对这些想法感到非常羞耻。我们总是在两点之间来回摆动:对他人他事饱含愤怒,之后又觉得十分羞愧。

评判并不体面,它总是和愤怒、愧疚、羞愧、麻木、压抑和焦虑并行。所以,大家都想纠正评判,或是忽视它们,为自己的评判感到羞愧,假装看不见它们。评判就像怪兽,我们发现它们的时候觉得它们丑陋而感到害怕是很正常的,想要逃跑也很正常,但这些怪兽渴求的就是关注。如果我们不关注它们,它们只会越叫越凶。并且,它们虽然看上去很吓人,但如果我们能鼓起勇气带着共情接近它们,它们也会与我们分享自己守护的宝藏——我们的需要。

我希望大家能接受内心的评判,这听上去有些违反本能,但我们要带着共情、温暖甚至欢庆的心理去接受评判。因为只要我们加以倾听,便会发现评判背后隐藏的未满足的需要,在不伤害自己和他人的同时照顾到自身需要。随着我们的理解不断加深,这些代表着评判的怪兽也就不会朝我们叫嚣来吸引注意,我们就能更好地通过评判了解自我。我们会少发脾气,愧疚更少,也不会做出讨人嫌的行为。

　　我女儿总是在星期天晚上才发现自己还有学校布置的任务没做完，任我提醒多少次也没用。每次我都一肚子评判：你怎么每次都这样？怎么就不长记性？为什么这样对我？你又把周末最后的美好时光毁了！都是你的错！然后我就会陷入深深的愧疚，心里想：我是不是对她太严格了？她平时记忆力很好，但是她这个年纪偶尔有记不住的事情也很正常。我应该耐心一点，体谅她的处境。

　　这种情况每周都发生，后来我就开始倾听内心的评判。我很容易就找到了评判背后隐藏的需要：我需要放松，需要跟我女儿建立情感联结，我希望向她表露我的爱和温暖。明白了这一点后，我会在比较轻松的场合和她说这件事，而不是在事情发生的当下跟她说。我们俩一起很轻松地就能想出办法来，解决了这个问题。

暂停框

接受评判：找到评判背后隐藏的需要

手边必备：人类需要一览表，纸和笔。

回顾上方列出的各种评判，想想你曾对自己或别人怀有的评判。

把它们写下来，再写下你现在的感受。

现在参照人类需要一览表，想着刚刚想到的评判，问问自己：我的需要是什么？

写下你觉得可能存在的需要。

你现在感觉怎么样？如果你找到了最初的评判背后的某些需要，那现在你的身体反应可能会出现一些变化。

评判意味着存在潜在需要，包括指纹需要。我有一个朋友曾经对我说，他一直觉得赚很多钱的人生才有价值。很多人都跟他说这样想是不对的，但他一直摆脱不了这个想法。后来，他开始透过需要视角改变自己的思维。

他这才意识到，自己一直对"应该"怎么生活怀有评判。

他发现这些评判跟小时候未被满足的指纹需要有很大的关系。小时候，周围人只认可他所取得的成就的价值，而不是他个人的价值。长大后，他最开始的时候想要破除这种想法，想要对"制度"进行反叛，拒绝赚很多钱，但最终还是因贫穷而屈服。反叛或屈服，这两种方法都不能让他感觉自己有价值，所以现在他开始从金钱以外的事情中寻找自身的价值，同时也在寻找既能满足深层需要，也能提供物质保障的工作。

通过这两个指南，你就能识别自身需要

　　了解了感受和评判如何体现出需要后，现在来把它们结合起来。需要、感受、评判这三者之间的关系是：

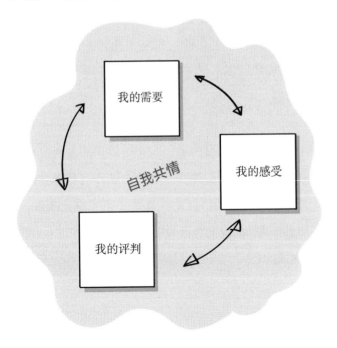

三者之间的过渡不成线性，在探索自身需要时你可以向任意方向转换，以便感觉到你的需要和感受。

同时，我也希望你将自我共情贯穿整个过程。在上一章中，我们对共情的定义是"我理解且接受你的经历与感受，并不予评判"。我们可以用同样的方法来定义自我共情，只是要将他人换成我们自身："我理解且接受我的经历与感受，并不予评判。"

识别自身需要意味着随时准备面对不同的感受以及想法，所以自我共情能力非常重要。当遇到逆境时，自我共情力强的人可以从愧疚中走出来，发现自身需要，做出改变、继续前进。负面感受存在的意义是让你感受到它们，然后将其用作指引。你可以问问自己："我现在的感受是什么？ 有这样的感受很正常，谁都会发脾气。我现在需要什么？"

感受和评判是通向需要的指引，需要加以练习才能熟练掌握。下面这个暂停框是我认为所有暂停框中优先级最高的一个。

暂停框

在实际情境中发现自己的需要

手边必备：三页纸和一支笔。

回想你最近一次不愉快的人际互动：一次让你生气难过的对话；和别人争辩；会议安排得不妥；或者你用不恰当的语气和你的孩子说话，事后你发誓再也不会这样做了。

现在，戴上"需要眼镜"，告诉自己：不管发生什么，那都只是人在试图满足自己的需要。我们已经学过如何用共情、温暖和包容来寻找和他人互动时的需要，接下来你要注意，用同等的共情力、温暖和包容对待自己。

在三张纸上分别写上：感受，评判，需要。

现在尽力回忆当时的情境。留心你的感受，将它们写在对应的纸上，评判和需要同样也要写下来。不必一下子把某一类全部写出来，想到什么就写在对应的纸上。把写下的评判和感受连接起来，然后再和更多的评判连接起来，再和你的需要连接起来，如此往复。

发现了背后的需要后，尤其要注意你已经识别的指纹需要。

你也可以不写，把这几页纸放在地板上，每次操作时你可以走向对应的纸。

你现在感觉怎么样？找到自身需要后你有什么新发现吗？

我举个例子说明怎么把感受和需要连接起来。想象一下，你要在十位领导面前作报告，申请提高你的项目预算。你事先准备了很久，也练习了很多次。作报告那天，上台后你感觉口干舌燥，心跳加速。报告开始了。起初你觉得听众都在认真听你讲，讲到一半时，你看到一位主管在看手机，另一位打了个哈欠。接着你心态乱了，后半段讲得一团糟。结束时你感觉比自己预想的差很多。

你经常作报告，所以事后很想知道下次该怎么提升。晚饭后你思路清晰了一些，回想了一下白天作报告的过程。这时，你脑海里会出现哪些评判？"在别人作报告的时候她居然玩手机，真不懂规矩。太没有礼貌了。"（评判别人）还有，"他们听到一半居然睡着了，我简直是全世界最无聊的人了。"（评判自己）

你当时都有哪些感受？你依稀记得，发现大家都没认真听的时候你很震惊，还觉得胸闷脸红。尴尬是一方面，你主要是觉得很生气。

你的需要是什么？可以对照人类需要一览表来看。你记得
当时你感觉被忽视，随后很快意识到自己真正的需要其实是想
得到认可。你想让人们看到你的项目的价值。把感受和需要连
接之后，你的愤怒慢慢就转变成了伤心和释怀。

你发现自己对认可的需要贯穿一生：上学时想让名字出现
在光荣榜上，是需要认可；初入职场想时得到上司的褒奖，是
需要认可；在现在这个例子里，同样也是需要认可。认可是你
的指纹需要，每次你看清它的真面目后，加上一点自我共情力，
下次就能更好地应对它而不被它影响，也能更好地满足自己对
认可的需要。你可以在报告结束后去找一个支持你的同事，问
问他的反馈。记得找一个你认为理解你工作的人。

然后，你想到了那两位主管。"她只不过是看了眼手机而
已，可能有重要的消息。另外那个人可能碰巧只是累了而已。不
过我这么在意也是情有可原的，毕竟这触碰到了我的指纹需要。
我被指纹需要占了上风，我不需要因此自责。我已经意识到自
己的指纹需要了，下次我就不太可能让它占上风，影响到我。"

当你发现和感受到自身需要之后

发现自身需要之后，很多事情都变了。如果带着全新的视
角看待某个情境或者某段感情关系，你会发现很多事情都变得

不一样了。这种经历很难用文字形容，必须要亲身体验。但知道了自身需要后，你的头脑就更清醒，你也更有掌控感。

遇到某些困难时，拥有出色的自我共情能力就足够解决问题了。通过自我共情和理解，我们发现自己产生想法和感受是在尝试满足需要。一旦拥有了自我共情能力，我们便能很轻易地找到解决方法。

你也可以寻求别人对你的共情，而且他不一定要了解"需要理解"。你需要的是一个能给你带来温暖而且不带评判的人，一个愿意倾听你心事的人。你可以单独或与他人一起尝试一些深度练习——这对满足指纹需要十分有益，因为指纹需要要求特别的爱和关怀。冥想、写日记、健身、想象锻炼、心理治疗、童年疗法和宗教，这些都能满足你的内在需要。

拥抱自身感受和评判需要对其加以关注，充分利用它们传达给你的信息。但你不需要接受它们，或者时刻沉浸其中，因为现实情况大部分是与此相反的。了解感受和评判之后，它们对我们的影响就会变小。连接感受和评判背后的需要之后，你就不会下意识地去伤害自己和他人来满足需要，便能遵从内心，活得更自由。

本章第一要点

· 了解自身需要意味着你可以在照顾自身需要的同时顾及
所有人的感受。

其他重点……

· 带着共情理解自身意味着你认识到你的一切行为都是在
满足自身的需要。

· 温暖和同理心是改善负面感受和消除评判的第一步。

· 接受你的感受和评判，它们是需要的指示信号。

· 对困境进行反思会帮助你找到自身的指纹需要。

第五章

如何应对困境：
实现自我共情的方法

上一章我们介绍了如何将感受和评判当作探索自身需要的指南。我们学到了如何借助感受和评判与自身需要相连接，如何实现自我共情，以及如何拓展更多可能性。

你可以在现实生活中尝试上述技巧。根据我个人经验，有两种比较常见的情况，对很多人来说都很难处理。我想就这两种情况与大家分享一下如何带着共情来理解自身。这两种情况分别是：

· 当你被某个人、某件事刺激到时；
· 当你为自己的行为后悔时。

刺激

不同的人对这个词有不同的理解。我在这里想表达的是，某件事让你产生极大的情绪波动，比如说，被突然叫上台让你很慌张，孩子和兄弟姐妹们打架时你很生气，或者被别人看到你在干坏事时你羞愧难当。这些强烈的感受很有可能让人产生一些不好的行为，比如大喊大叫或者呆若木鸡。

后悔

后悔指的是你对过去的某个行为感到后悔，常常陷入这种感受中无法自拔。你不知道怎么弥补，难以自洽，沉浸于对自己无穷的悔恨中。

这两种情况非常常见，而且非常难以应对，所以如果你能发现隐藏其中的需要，生活就会有很大的改善，日后再棘手的情况你也能轻松应对。

首先我来解释一下什么叫"填补内心空缺"，在棘手的情况中这一点尤为重要。

填补内心空缺

早上起床后我坐在桌子前，一整天的任务想想就头疼，心里想："我绝对做不来。"想着想着就觉得一阵胃痛，肩膀也酸了。"我做不到！我都不知道从哪儿下手。"然而，到了第二天，我还会面对同样繁杂的工作，但我一点儿也不觉得有压力。"今天的待办清单上有好多事情，等不及要把它们全都做完划掉！从哪件下手比较好呢？"

为什么会有这种差别？原因有很多，但通常是因为在第一种情况之下，我感觉自己被耗尽了，而在第二种情况下我觉得自己精力充沛。如果你有孩子就会明白我说的意思。你刚走进家门，孩子们就喋喋不休地说"我想要这个""我想要那个"。你要是刚出门和朋友喝了杯咖啡、休息了一下，你可能还会跟孩子开个玩笑，或者用体谅的语气说"现在不行。"如果你刚下班回来，开了一整天会，你很可能就会直接让孩子别来烦你，或者屈服于他们的要求，但最终只会让自己加倍恼怒或者感到愧疚。

　　你可以通过主动满足自己的需要来让自己恢复活力，如此一来你既可以提高效率和生产力，也会让心情变得更好。如果你选择不作为，没有填补内心空缺，就很难顾及自己或者别人的需要。将内心空缺填上后，你便能更轻松地解决各种棘手的问题。

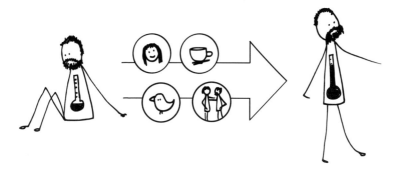

　　如何填补内心空缺？你可以问自己这两个问题：

1. 什么能给我带来活力?

什么能让你开心起来?什么能让你做好迎接这个世界的准备?每个人的答案都不一样,而且这些答案可能是你意想不到的东西。对我而言,去咖啡店喝咖啡比去公园散步更好,我喜欢游泳胜过骑车。这些事情没有对错之分,重要的是找到最适合自己的方式。

暂停框

找到能填补内心空缺的事物

手边必备：纸和笔。

在这些要点后面写上几个能让你充满活力的事情

·独自

·和别人一起

·户外

·室内

·花钱的

·免费的

·短时间的

·长时间的

你也可以自己添加其他的要点。重点不是活动的类型，而是这些活动能不能让你以良好的精神面貌面对世界。

2. 我完全恢复活力了吗？如果没有，为什么？

很多人没时间填补内心空缺以恢复全部活力，并且想出来各种各样的理由。比如：

"这样做太自私了。"

很多人从小到大接受的文化熏陶和宗教教育都告诉他们，关注自身需要是一种自我放纵。这也可能和我们成长的经历相关。也许我们儿时的抚养人要么把别人的利益放在第一位，要么只关注自己而让我们觉得自己的需要不重要，或者在这两种态度之间来回切换。有时他们会直接告诉我们应该把别人的需要放在自己的需要之前，其他人也通过效仿周围人从而养成了这种习惯。这些经历会导致我们不知道如何照顾自己的感受。

"顾及自己的需要是自私行为"这种想法根深蒂固，使人很难看清事物本质。其实我们越是能满足自身需要，越是能更好地帮助他人。如果你还在纠结是否应该优先满足自己的需要，我希望你能试着从不同角度看待事物，看看以下这种角度是否适合你。

"我没时间。"或者"我还有别的事要做。"

我们都愿意在自认为重要的事情上花费时间。你可能不觉得在自己身上花时间是件重要的事，所以才没时间。或者是像前面提到的那样，你觉得关注自己是一种自私的行为，再或者你陷入了一种思维惯性。你可以问问自己"我每天能花五分钟为自己做点什么吗？"

爱莎在最初接触"需要理解"这一概念时，觉得自己比较擅长处理自己的情感健康问题。劳碌一天后，她最喜欢的解压方式是看一两集喜欢的电视剧。她原以为看电视是在填补她内心的空缺，但后来发现这样做否认了自己的其他需要，她对自己的认识飞越了一大步。靠在沙发上确实满足了她对舒适的需要，但是她闷头工作了一整天，她还需要人际交往。认识到这一点后，她回家后不是去找遥控器，而是去打电话。她会和姐姐在电话里聊一会儿。这个小小的变化让她感到自己能够恢复活力。

介绍完填补内心空缺的重要性，现在我们可以回到之前提过的两种非常棘手的情况，它们分别是：当你被某人或某事刺激到时，当你对过去的行为感到后悔时。了解自身需要后，你面对这些情况时便会有翻天覆地的变化。

当你被某个人、某件事刺激时

丹的妈妈在他家住了几天。有一天吃早饭的时候，他妈妈问了他三遍："你周末有什么安排？"丹越来越恼火，气血上头。他妈妈第三遍话音刚落，他终于爆发了："我不是都跟你说了几百遍了吗！你可能自己不觉得，但是你非要搞清楚我的一举一动真的很荒谬！"当时他就意识到自己这是在说气话，但在气头上停不下来。丹被他妈妈的话刺激到了。

之前提过，刺激指的是某件事发生后，我们突然陷入一种强烈的情绪波动。在丹的故事里，他没有简单回答一下，让这件事就这样过去了。相反，他被刺激到了，随后下意识地做出了一系列反应。

怎么分辨你是被刺激到了呢？一般来说你会：

· 产生强烈的情绪波动，比如愤怒、恐慌或者羞耻；
· 感觉自己受情绪支配，而不是支配情绪；
· 对自己或者他人产生评判；
· 做出你厌恶的行为；
· 感觉自己像个小孩；
· 下意识做出反应，而不是有意识地行事。

人被刺激后的反应会导致很大的问题，会影响一段关系的良好发展和自身的身心健康。下面我们来看看当一个人被刺激时会发生什么，以及如何应对。

当我们被刺激到的时候，我们到底是怎么了？

有句老话说得好，"冰冻三尺，非一日之寒。"我们在上一章中探讨过，感受和评判背后都隐藏着未被满足的需要。在那些刺激我们的情境中，我们之所以会做出过激反应，是因为一些特殊的需要被触碰到了，这些需要都是历史遗留问题。在很多情况下被触碰到的是我们小时候就没有得到满足的指纹需要。

如果我们的抚养人没有满足我们小时候的需要，那会影响到我们的生存，甚至会导致我们长大后失去生活的能力。长大后，作为成年人，我们被刺激得反应过度时，我们不是在求生，而是大脑一时分不清过去和现在，所以我们会觉得未被满足的指纹需要威胁到了自己的生存，这就会让我们不合时宜地进入求生模式。我们大脑的前额叶皮层停止工作，让我们无法理性思考，主管情绪的那部分大脑皮层便占了上风。

我们被刺激到时，通常会引发以下四种生存反应：斗争、逃跑、停滞和讨好（这一种可能不太常见）。具体激发哪一种反应要根据具体情况判断。

· **斗争**是攻击的反应：大喊、试图控制、摔门、暴怒。
· **逃跑**是躲避的反应：慌张、抽身离开、躲避、去做别的事情。
· **停滞**是指像被闪光灯照到的兔子那样：身体一动不动、没法决断、不知道说什么、不知道接下来该怎么办。
· **讨好**是巴结别人的反应：适应、恭维、拍马屁、同意、跟在别人身边。

丹的母亲问他周末计划的时候，丹瞬间进入了斗争模式。他妈妈无意触发了他对自主权和能动性的指纹需要。小时候，他一直渴望能自主选择，不想让别人在旁边指指点点或者妨碍自己。这么多年过去了，他妈妈的提问触发了丹小时候同样的需要，所以他控制不住地对妈妈发脾气了。

当你被刺激到时，应该怎么做？

人们都非常想改变自己被刺激时产生的下意识反应，不想破坏日常生活和人际关系。由于下意识反应是大脑内部发生的化学反应，所以它们非常顽固，难以改变。因此，我把化解刺激的过程分为两步：刺激发生时怎么避免对刺激做出反应，以及事后应该怎么做。这样你就能慢慢学会化解刺激。

被刺激到的你：

刺激

此刻要做的事：暂停和调整

一旦被刺激到，你的首要目标是打断大脑皮层边缘的自动反应——你感受到的情绪冲动和你接下来要做的行为之间的联系。你需要在两者之间创造一个暂停点。暂停的时间越长，你就越有可能做出理性反应，而不是做出下意识反应，这样就有更大的选择空间。在丹的故事里，如果他知道他被刺激后的反应有哪些，比如血压上升，或者出汗，然后他就能在对妈妈发火之前先停下。通过练习，丹可以在做出下意识反应前停下，平复情绪。

　　暂停和调整的方法有很多，最常见的是深呼吸，让身体冷静下来。在你冷静下来后，运用同理心分析眼下情况，你会发现自己被刺激到是因为某些深层的指纹需要被触发了，但想避免这种情况绝非易事。

暂停和调整

　　你也可以离开事发地。如果你被某人刺激到了，比较聪明的做法是不要跟他继续交谈了，你们可以以后再谈这个话题。你不需要在每个谈话中都占据上风。如果你被刺激到了，那么对方很有可能不会把你被刺激后想表达的观点听进去。

　　如果你进入了斗争模式，忍不住非要说些什么，与其大声指责他人的行为，不如把自己的需要大喊出来。"别凑那么近对着我脖子喘气"可以换成"可以让我一个人待会吗？我需要思考"，"闭嘴"可以换成"我想静一静"。

总之，一心想要解决问题可能行不通，因为人被刺激到以后就很难维持理性思维——因为"理性大脑"已经下线。

最后，不要觉得断开刺激和下意识反应之间的联系很简单，先试着在二者之间创造一个时间间隔。了解大脑化学机制的运作，有助于我们获得做出改变所需的同情心和复原力。

事后：理解刺激，从中学习。

反思并学习

事后请花点时间从需要的角度分析刚才的情况。经常这样做的话，刺激到你的事物的能量和频率都会显著降低。你可能会在事情发生的过程中就意识到当时是个什么情境，并且对当时的情境产生理解和共情。如此一来，你的行为就能顾及自己和周围人的感受。

分析刺激时，最好把刺激和过去的经历连接起来，你会想起小时候有过相似经历，或者刺激产生的评判过去也出现过。尤其要关注你的指纹需要，因为很有可能是它们在从中作祟。

伊娃和她的伴侣当时在野餐，庆祝结婚纪念日。她花了很长时间装饰蛋糕，买了他们俩都喜欢的食物，找到了一个景色非常棒的地方，一切都像她想象的那样美妙。这时，她看到一个穿着制服的人走过来。"抱歉打扰了，"他说，"你们不能在这里野餐，这个区域不对外开放。"

她羞愧难当，脸红心跳，巴不得钻进地缝里。这是怎么了？这个公园警卫只是在做本职工作而已，没必要对他如此过激反应。

时间快进到第二天，伊娃用"需要理解"分析自己受到刺激后的反应。她首先将注意力放在感受上，很快她就将这种感受与儿时的那种羞愧感连接起来。她觉得自己仿佛回到了五岁那年，当时她在学校，不会自己系鞋带。她努力想把鞋带系好，但怎么都系不上，最后只能装作没看到鞋带松开，等老师发现然后把她叫到一边帮她把鞋带系好。

伊娃想起了当时内心的评判，全都是针对她自己的，没有针对她的伴侣和那个警卫的。"都是我的错""我太蠢了""我应该多留心一点的""我好想有一次浪漫约会，全让我搞砸了"。她马上就总结出背后的需要：对自洽的需要。

回想童年，她记得自己总是觉得做什么事情都很努力，可最后什么都做不好，就像系鞋带那次。她的眼前突然浮现出五岁的自己，她对当时还是小女孩的自己感到一阵共情和同情。她发现了自己的指纹需要，发现自己需要好好处理自己的指纹需要，培养自己的适应力，这样在以后事情发展不顺的时候不会感到无力，做事情的时候就不会被过去的经历所左右。

暂停框

理解你的刺激点

手边必备：人类需要一览表，纸和笔。

在纸上分别写下这三个标题：

评判，感受，需要。

1. 回顾最近一次你被刺激时的场景，认真回想当时的身体和情绪反应。

2. 当你回想当时的评判和感受时，将其列在对应的标题下面。

3. 问问自己：我儿时有没有相似的经历？我周围的人也有这些评判吗？

4. 最后，如果你什么都想不起来，可以参照人类需要一览表，看看有哪些可能存在的需要，是否能在其中找到指纹需要。

练习自我共情时，光是知道自己被刺激到是因为有未被满足的需要，就足够产生伊娃那样的感受转变了。他人对你的倾听和理解能帮助你发掘自我，自我倾听和自我理解也能让我们对自己有新的发现，对未来有更明确的把握。慢慢地，随着你对"需要理解"的掌握日渐加深，你便能更快地识别刺激点，也能更轻松地将其消解，减少它们对你的控制。被刺激时，不要忘了自我共情，避免伤害自己和周围人。

当你对自己的行为感到后悔时

我们做出令自己后悔的行为是为了满足需要。我朝孩子大喊大叫让她闭嘴时，我渴望安宁。然而，即便大喊大叫达成我安宁的目的，也没有满足我想和孩子建立情感联结的需要，或者我希望她身心健康和幸福快乐的需要。如果我们能理解那些让我们后悔的行为，就能更好地弥补，避免让行为再一次发生，也没有负罪感。

最近我和三个客户方的人有一场电话会议，我本来特别期待这场会议，因为之前和他们合作过几次，都很愉快。这次会议本来是为了加深我们的合作关系的。会议时间一早就定下了，各方都无异议。

会议刚开始就不太顺畅，一位与会者一开始就讲她的一项资金申请，但是这跟这次会议无关。她花了一半的时间给我们讲申请的事，我试图将对话转向会议本来的主题，但其他人似乎都不愿意回归正题，我越来越不悦。我本可以说些什么，最起码我们还能用剩下的时间讨论点正事，但最后什么也没说。

我的回应越来越简短，因为我想让他们感觉到我话语中的不悦，但我没有直接说出口。结果那次会议什么正事也没讨论就结束了。

挂了电话以后，我非常愧疚。我觉得自己太自私了，"我一心想着自己的目的。我的那位同事很兴奋，我本应该也对她资金申请这件事感到开心的。我真是太以自我为中心了。"我对自己刚才的表现十分后悔。

在上述这样的情境里，发现自身的评判并不难。但想要通过自我共情和理解分析它很难。所以，如果你像刚挂了电话的我那样觉得愧疚、尴尬或者羞愧，我有一个很好的建议。"给想象中的朋友打电话"，这个想象中的朋友就代表着我们内在的共情力，有时候仅靠自己是很难发现这种能力的。

这个朋友会提醒我们，我们的所作所为都是为了满足自身需要。

"感觉难过是正常的，事情发展不如你愿，你不开心是因为你渴望伙伴关系以及想要发展新项目。这些对你来说很重要，它们也是你极力想满足的需要。"

我们可以把后悔想象成一枚硬币的两面，两面都需要我们的关注。其中一面是行为未能满足的需要，比如我对支持同事的需要。这些没有得到满足的需要很快使我心中产生了自私的评判。硬币的另一面是行为想要满足的需要，比如对项目伙伴关系的渴望。我需要把共情力与硬币两面的需要结合起来，这样我就能将情况看得更清晰，也能更平衡地分析，找到解决办法。

我发了一封邮件，另约了一个会议时间，顺便提了一下我刚才应该好好祝贺一下朋友的，我真的很高兴我的朋友成功提交了那个资金申请。我还说到能参与这个项目我感到很激动，跟他们一起做这个项目也很开心。我收到了朋友的回复邮件，看了以后让我心生温暖。我们在第二次视频会议上达成了很多共识。

假若我没有自我共情，没有理会自己的需要，事情又会怎样呢？我会发一封火药味很浓的邮件，然后又后悔。或者，我会发一封语气特别低三下四的邮件，为自己的行为不停地道歉，这样把注意力都引到自己身上从而忽略对方的感受。又或者，我根本就不会发邮件，然后就一直担心他们会认为我既自私又粗鲁，导致项目的中断。

暂停框

探索后悔的两面性

手边必备：人类需要一览表，纸和笔。

在纸上写下这三个标题：评判，感受，需要。

1. 回想某个让你感到后悔的事情，你当时做了什么或说了什么？

2. 戴上"需要眼镜"，如果有需要的话打电话给你想象中的朋友，他会告诉你你当时都做了什么，把这些行为写下来，思考它们是不是都是为了满足某种需要。

3. 将当时的感受和评判联系起来，把它们写下来。

4. 先来看硬币的正面：问问自己，让你后悔的这个行为没有满足什么需要？你要看的是自己的需要，而不是受到你影响的其他人的需要。在我自己的例子里，没有满足的需要是："祝贺"（给同事的）和"合作"（共同任务）。

5. 再来看硬币的反面：问问自己，这些让你感到后悔的行为是想满足什么需要？在我的例子里，我想满足的是"伙伴关系"（我很看重和其他人共事）、"兴奋"（那个项目非常棒）和"贡献"（建设我所投身的事业）。

　　6. 注意自己的感受——你将感受与需要连接之后，你的感受是否发生了变化？

　　7. 你将感受与需要连接之后，问问自己是否想采取什么行动？

　　负罪感和羞愧的破坏性很强，它们一旦侵入我们的思维和心灵，便会使得我们失去良性的后悔，也失去自我改善行为的愿望。"需要理解"使我们能够超越负罪感，找到前进的方法，我们仅需记住我们的所作所为都是为了满足我们的需要。

本章第一要点

- 在复杂情境中通过自我共情识别潜在需要，你的生活会发生巨大改善。

其他重点……

- 主动填补内心空缺，对自己和他人都有好处。
- 你会被某人或某事刺激到，很可能是你在对某些未被满足的指纹需要做出反应。给自己一点时间，找到平衡感，识别并接受产生这些强烈感受的需要，由此便可更高效地应对类似情况。

· 如果你对自己的某些已做出的行为感到后悔，那是因为你要满足自己的某些需要。通过这样的视角看待自己的行为，你便可以对自己更有同情心，也能更好地处事。

让别人听见你的声音

第三部分

下面，我们来谈谈怎样在沟通中照顾到每个人的需要。要做到这一点，关键在于如何与他人建立和保持情感联结，这样，无论结果如何，你们的关系都能很稳固，甚至更密切。

第六章

通过对话建立情感联结：创建无障碍对话

- 开启建立情感联结的对话
- 有效表达需要，让别人了解你的想法
- 通过分享感受促进理解
- 从责备转向自由：改变你的"因为"

第七章

四个实用对话技巧：清晰传达自己的观点

- 技巧 1：观察而不是评价
- 技巧 2：请求而不是要求
- 技巧 3：给予赏识和共同庆祝，而非表扬和奖励
- 技巧 4：表达后悔和歉意，而非内疚和否定

第六章

通过对话建立情感联结：
创建无障碍对话

　　我们已经讲过如何带着同理心看待自己和他人，这样就可以理解现实情境中的各种需要。现在我们要讲的是什么样的对话方式能顾及所有人的需要。

　　我们每次说话都是在为自己的潜在需要发声，而对话的方式能决定我们是否充分地传达了这些需要。也就是说，对话方式能决定我们的需要是否被别人全部听进去。如果我们在会话中采用一种会产生障碍的方式说话，我们就好似在双方间筑起了一堵墙。但是，如果我们的对话方式能够建立起情感联结，这种方式就可以缩小隔阂，留出畅通理解的空间。

　　如果我出于工作原因，需要造访某个正式场合，那么我会穿上西装。这不是因为我有融入那个场合的需要，也不是因为我喜欢穿西装，而是因为我认为这样最容易让对方知道我想要传递的信息。我不会因穿着不合适而无意间在自己与对方之间建立隔阂。我与人交谈时，也是如此。即使观点不一致，我也不想因为自己说的话而让人在心中筑起一堵墙来防御我或暗藏愤怒。我这样做并不是想埋没自己的想法或保持缄默，我当然希望别人能听到我的想法。如果我选择发怒的方式，我也会发怒或者咄咄逼人，但我尽可能使用让听者更容易听明白的方式说话，使对方充分理解我所重视的是什么。

本章我们将聚焦能够减少隔阂的对话方式：

· 开启建立情感联结的会话

· 有效表达需要，让别人了解你的想法

· 通过分享感受促进理解

· 从责备转向自由：改变你的"因为"

这些方法旨在建立更高效的合作性会话，比起你以往的会话方式，这些方式更能令人感到融洽，还能解决某些困扰你多年的问题。对话方式的细微变化会产生巨大的影响。

开启建立情感联结的对话

情感联结往往是自发的。人们一起大笑、打趣、哭泣、分享共同兴趣或谈论日常的时候，自然而然地就产生了情感联结。但是，如果你感到对方厌烦你，或者你怀疑对方没有理解自己时，你觉得情感联结会发生吗？如果你觉得情感联结很难建立，可以试试换一种适用于所有人的对话方式。下面几点可以帮助你在对话中建立情感联结。

对话前先保证自己准备充分

通常情况下，在进入棘手的对话前，我们一般不会先花时间自问一下自己的心态怎么样，适不适合会话。如果你觉得这样的事在你身上也发生过，那你可能会在会话前先思忖一下——有些对话开展得很顺利，而有些对话让所有人都不开心，它们之间大有不同。建议你在对话前自问以下问题，看看自己是否准备充分：

- 我是否在一意孤行？
- 我是否正被情绪左右？
- 我脑海里是否出现了评判性想法？
- 我是否想让对方痛苦？
- 我是否在期待对方来解决我的问题？
- 我是否缺少时间或精力？

你给出的肯定回答越多，对方就越不可能听到你的声音，对方可能会加重防备，更想保护自己的立场而不是理解你的立场。那么解决方法是什么呢？对上述问题给予肯定的回答就表明了你的需要其实没有得到满足，所以在与他人交谈之前，要连接自己的需要。一旦你产生自我共情，就能更清楚、更富有同情心地表达自我。

先倾听别人的故事，再讲自己的

当会话不顺时，首先应用同理心看待对方，这样做通常能减少隔阂。只有对方感到自己被倾听了，他才会倾听你的想法。

像跳舞那样对话

建立起情感联结的双方之间的对话就像一支舞蹈——每个人都在创造律动。如果你的话很多，请注意一下你占用的对话空间——你是否主导了整个对话？如果你大多时候都很安静，那你的注意力还在这个对话上吗？你是不是已经走神，打破会话的平衡了呢？高效的对话并不意味着每个人说话的时长都要相等。有些人天生就不爱说话，一个人说得多、另一个听得多，有时也是一种顺畅的对话。更为重要的是说话或倾听的质量，而且会话还要满足双方需要。

使用真实的语言

接下来，我会介绍一些推荐使用的词汇和短语类型，帮助你通过对话建立情感联结。但最关键的是一定要使用对你而言真实的语言，并且这一切里最重要的因素是你的意图。如果你的意图是通过关爱自身以及对方而建立情感联结，那么你具体用什么词其实并不重要。此外，从心而发的对话比费尽脑筋想一个词的对话更为难得，只是流于措辞的对话通常并不高效。因此，本书中的建议仅供参考，如果它们在现实情况中并不适用，你也可以根据这些建议探索其他对你更有效的表达。

有效表达需要，让别人了解你的想法

需要和感受是两个放之四海皆适用的情感联结点，因为所有人都有需要，所有人都有感受。"需要理解"的核心是如何建立情感联结，会话时关注需要和感受可以非常有效地消除隔阂，也让你避免误解，确保他人能够看到你所珍视的东西。本节将先探讨如何表达需要，然后再探讨感受。

与人对话时，表达自己的需要非常有用，即便是"我需要安稳"和"我需要目标"这种直截了当的话也很有用。但有的时候，下面几个建议或许能帮你更好地表达自己的需要。

真实地表达你的需要

很多人不习惯公开谈论自己的需要，从人类需要一览表中挑出一个并说出"我需要真相"或"我需要理解"可能会让他们觉得有点勉强或奇怪。下面几种方法可以帮你解决这一问题。第一种是使用其他词替代"我需要"，例如：

· 我喜爱［需要］。

· 我重视［需要］。

· 我喜欢［需要］。

· 我想要［需要］。

· 我可以［需要］。

· 我希望［需要］。

· 我关心［需要］。

· 我因［需要］更好。

你可以在这些替代词后加上自己的需要。例如，"我想要安全感。"或者，你可以把需要放在句首，然后再加上一些词语，比如说：

· ［需要］对我很重要。

· ［需要］对我来说很有趣。

· ［需要］让我感到快乐。

· ［需要］让我感觉很好。

·［需要］是我在乎的东西。

例如"和谐对我很重要。"

第二种方法是将你的需要置于具体情况中，通过具体的表达让你说的话更有意义、更灵活。

"乐趣对我来说很重要。"变成"我们可以互相打趣儿、开对方的玩笑，这对我来说很重要。"

"我喜欢相互支持的感觉。"变成"我希望我们团队中的每个人在遇到困难时都能说出来，要相信我们会支持彼此。"

表达你的需要，而不是你的评判

如果我们不喜欢某人的行为，我们就可能想让对方知道我们因其行为而受到的影响。但是，怎么做才最可能让对方知道我们的内心想法呢？如果不了解"需要理解"，我们就可能去指责对方。

"你从来没有做好时间规划！"

"你的话不可信！"

"你总是否定我的想法！"

但从"需要理解"的角度来看，对方并没有做错什么，他只不过是想满足自己的需要。但对方的行事方式并没有顾及我们的需要。

在第二部分"带着共情理解自身"中，我们了解到，上述评判的想法标志着我们的潜在需要。虽然我们尽可以在发泄评判中发现自己的需要，但如果这些评判说出了口，就不怎么奏效了。因为对方听到我们的言下之意都是责备的话，就很可能会产生抵触情绪，彼此之间就会出现隔阂。双方的情感联结断裂，对方就更不可能听到我们的内心想法了。

那么，我们如何才能在维系情感的同时表达自身，又能让听者察觉到我们受到的影响呢？这其中的诀窍就是要善用人类需要的普遍性。如果我们能识别出对方的行为影响到了我们的何种需要，就能更容易地找到突破口来表达想法。

"你从来没有做好时间规划！"变成"我需要清楚了解我们的共同安排是什么，这样我才能计划自己的日程。"（表达对清晰计划的需要）

"你的话不可信！"变成"在我们的关系中拥有信任，对我来说真的很重要。"（表达对信任的需要）

"你总是否定我的想法！"变成"能在我们的会话中表达我自己的想法对我来说很重要。"（表达对创造力的需要）

你仍然可以感到愤怒或沮丧，但用上述表达方式的话，你就不是在评判他人了，而是在表达你的需要。最近我和我十几岁的女儿去游泳，在更衣室里我们正准备脱衣服的时候，她突然围着我转。"妈妈，你能把你的包从我的衣架上拿下来吗？你真的很烦人——给我让开！"我惊讶地转过身看着她。她怎么会说出这样的话？然后，她勉强微笑了一下。"妈妈，我没吃你今天早上给我留的点心。我真的很饿。对不起。"她情绪爆发后，意识到了自己在对我表示责备。估计那一刻，她反思了自己的真实想法，并将她的愤怒与对食物的需要得不到满足联系了起来。

表达需要，而不是你选择满足需要的策略

假设你的儿子想和你玩，你也很想和他玩，但你累了一天，想先休息一下，洗个澡，恢复精力。你选择满足需要的策略是洗澡。如果你不了解"需要理解"是什么，你可能会说："我先去洗个澡，然后再和你玩。"如果你走运的话，你的儿子可能会接受你的建议，但他也可能会感到沮丧，而你则会错过和他一起玩的机会。

在会话时，与其用你习惯的方式满足自己的需要，不如试着主动表达自己的需要，这样对方更可能听到你的观点。"我很想和你一起玩，但我已经忙了一天了，真的需要休息一下。我先洗个澡，让我休息一下，15 分钟后和你玩，好吗？"你表达了对健康的潜在需要，而且不单单是为了满足需要才说这些话。当然，你的儿子可能仍然不接受，但相较于只和他说你想怎么解决问题，表达需要更能让他倾听你。

"我今晚不能和你一起吃饭，因为我必须先完成这份报告。"
变成"我很想和你共进晚餐，但如果我不先写完这份报告，我整
个晚上都会忧心忡忡。所以我们改约明天晚上，可以吗？明晚我
们就能只专注于彼此了。"（表达对情感联结或亲密关系的需要）

"口袋里没几个钱，还想什么度假的事呢。"变成"我很想
和你度假！但是我担心我们要花很多钱。所以我们能不能先改
善一下经济状况，再考虑度假？"（表达对享乐的需要）

表达需要，而不是变相地提要求

不要只关注表示需要的词，而要关注"我需要你"这个表
达，因为其后通常跟着要求。例如，"我需要你和他谈谈"是一
种要求，而"我需要平复心情。所以你能去和他谈谈吗？"这
句话直接表达了原来话语中的需要。它展示出你的弱势处境，
更有可能得到肯定答案（或至少能开启会话），而不是在你和听
者之间筑起隔阂。

"为了完成这个项目，我需要你再指派两名工程师。"变成
"我想顺利完成这个项目，所有人都要参与进来。所以再派两个
工程师来怎么样？"（表达对顺利完成项目或合作的需要）

"如果我们再生一个孩子，我需要你在家里多帮忙。"变成
"我也很想再要一个孩子，但我担心这样会超出我的能力范围。
我想照顾好家庭。所以我们可以谈谈怎么分配家务吗？"（表达

对支持的需要）

有时，你用这些方式表达自己会费更多口舌，尤其是和不熟的人交谈。但根据我的经验，这些方法能大大帮助你建立情感联结，省去不少时间和精力。

暂停框

探索行为背后的需要

手边必备：笔和纸（如果需要的话）。

想一想你希望你的儿子、女儿、伴侣、朋友或领导做什么事情？

如果他们按照你的想法去做，对你意味着什么？你的哪些需要会得到满足？

你会注意到，在那个情况下你更在意的是你自己的需要，而不是对方应该做什么。

好好思考一下，怎么才能满足你的需要。你可能会意识到自己并不期望对方做什么。或者你现在明白了如何换一种方式满足自己的需要——与其要求对方做什么，不如帮助对方明白怎样可以帮到你。

通过分享感受促进理解

感受是第二个普遍的情感联结点，和需要一样是人类共有的。相同文化背景的人可能以不同方式描述同一种感受，但某种感受带来的身体感觉是一致的。有人说自己很伤心、很高兴或松了一口气时，我们可以理解他们并能感同身受。感受是进入我们真实想法的"入口"，帮助我们游走于双方内心，从而以相互尊重的态度进行高效会话。

你可能很难表达自己的感受，你担心自己的感受会失控，或者影响冷静和理性。你可能想隐藏感受，不想让对方知道。或者在特定环境下，如在工作中或某段关系中，你无法毫无戒备地表达自己的真实感受。

感受是与他人建立情感联结的一个非常有力的出发点，因此，如果你敞开胸怀，人们会对你的感受给予同样多（甚至更多）的关注。设想一下，当你感觉到别人在生气或表现出不安时你会怎么做？你明显可以感知到对方的感受，而且对方越是隐藏，越是有可能吸引你的注意。换句话说，即使不被表达出来，感受也不会凭空消失；相反，感受会从其他方面表露出来。所以，你要学会在生活的各个方面找到适合你自己的表达感受的方式。

如何表达你的感受

这很简单，比如你可以说"我感到劳累"或"我感到困惑"（你可以参照书末的人类感受一览表，找到合适的描述）。

如果你想说得更自然点，另一个方式就是：你可以说"我很"而不是"我感到"。

"我很高兴。"

"我很生气。"

"我很害怕。"

你也可以使用描述身体感觉的词语——既可以单独使用又可以结合感受的词语。

"我感到麻木。"

"我感到精力充沛。"

"我感到愤怒。"

你也可以参考书末的人类感受一览表。

虚假感受

表达感受时要注意"虚假感受"，或者那些看起来像感受但实际上不是的话语。虚假感受其实是对他人行为的隐晦评判。我们的感受只与内心体验有关，并不能说明他人的所作所为如何。

"我感到悲伤"是感受的直接描述——反映了你的内心。

"我感到被否定"这句话所表达的感受混杂着想法。这种感受来源于你的经历——"因为你忽略了我，所以我产生了否定的感觉。"

表达虚假感受涉及两个问题。第一个问题是，虚假感受表示你因自己的想法陷入了弱势或不公的处境。对此，你会把产生如此感受的原因归咎于别人，这样一来你就不太能改变目前的处境。但不是说你必须要无视你讨厌的行为。实际上，你的快乐与对方的改变无关（因为对方的改变是随机事件），你可以关注自己的需要，靠自己做出改变。

表达虚假感受的第二个问题是，对方不太可能听取你想表达的信息，因为对方从你口中听到的满是指责和评判。为了避免这种情况发生，可以用"纯粹"的感受和表达需要的词语代替虚假感受词。在以下例子中，第二种方式更有可能建立情感联结，而第一种方式可能会给听者造成隔阂。

"你让我很失望。"变成"我很难过！我真的很想与你共度时光。"（表达悲伤的感受和对亲密关系的需要）

"我觉得自己有点被忽视了。"变成"我很失望，因为我为这份提案投入了很多精力，希望能得到反馈。你可以重新看看我的提案吗？"（表达失望的感受和对支持或尊重的需要）

下表列出了一些虚假感受（书末附有完整词汇表）。

虚假感受词汇表

被抛弃	被羞辱	被欺骗
被辱骂	被恐吓	被催促
被袭击	被否定	被拒绝
被轻视	被评判	压抑
被背叛	被遗忘	窒息
被指责	被辜负	不被珍视
被限制	被操控	被践踏
被霸凌	被误解	不被赏识
被哄骗	被忽视	不被倾听
被迫	被忽略	不被爱
被批评	被压迫	不被支持
被削弱	被施舍	被利用
被低估	高压	被迫害
困扰	被压制	被冤枉
不被理会	被排斥	

你需要多加练习，才能更好地区分真实感受和虚假感受，练习的过程也是在释放感受。他人不为你的感受负责，这意味着你得自己掌控自己的感受。此外，通过这种练习，他人给你的压力会有所减轻，他人对你的抵触会更少，也更能理解你的遭遇。

暂停框

如何摒弃虚假感受

手边必备：笔和纸。

注意你和你身边的人是如何表达感受的，并记下来。哪些是"纯粹"的感受，哪些是虚假的感受？注意那些混杂了隐晦感受与评判的表达方式。

抱着同情心进行自我认识，考虑多种可能性。试着用不同方式表达感受。这些方式让你感觉与他人更亲近还是更疏远了，更主动还是更被动？

从责备转向自由：改变你的"因为"

我们在探讨虚假感受时提到，如果某人的行为不讨人喜欢，我们就会觉得这个人是影响自己感受的罪魁祸首。但另一种看待问题的角度是，感受不是由外在的事物或他人引起的。

比方说，我父亲在最后一分钟变卦，把我一天的计划搞得一团糟。我会抱怨："你总这样！真的让我很恼火！"我的重点放在他的行为和我的感受之间的联系上。或者我发现我的朋友一直在对我隐瞒着什么，我的想法就会是："她不跟我说实话让我很难过。她不把我当好朋友。"同样，我把她的行为看作我伤心难过的直接原因。

这种思考和对话的方式会限制住我们。当我们把感受直接归因于某人的行为时，就会希望对方能做出改变，改善我们的感受。我们可以要求他人改变，但不能决定他们是否改变，所以这样是很难改善状况的。

另外一种看待这个问题的方式是，他人的行为是我们感受的导火索，而不是直接原因。为了更好地理解这一点，你可以想想你每天对同一件可能刺激到你的事的反应有什么不同。周一早上，你的同事不打招呼可能会刺激你的感受，而第二天早上，你却觉得安静点儿更让你放松。前一天你还在担心你的孩子在学校的表现，可第二天你甚至都想不起这件事。如果他人的某个行为直接导致你产生某种感受，那么这种感受应该是始终如一的。但事实并非如此。

所有人都忽视了一个重点，那就是需要。与其关注对方的行为，不如看看我的需要是怎么导致我产生某种感受的。我父亲变卦的例子中体现的可能是我对遵守计划的需要没有得到满足。我的朋友对我有所隐瞒的例子中体现的可能是我对情感联结和信任的需要没有得到满足。

了解需要后，我就可以彻底改变现状了。与其指责我父亲改变计划，并和他争吵，我倒不如用最合适的方式满足自己的需要，这就要我思考该如何让对方倾听我。我可以表达我的感受或需要，或者最终由我自己通过其他方式满足自己的需要。至于我的朋友，她对我有所隐瞒，但我与她交谈时不能心怀评判的想法，不应责怪她让我难过。或者我该意识到，这种情况已经触发了我自己就能够应对的指纹需要。

暂停框

探索你的感受与他人行为之间的关系

手边必备：笔和纸。

想一想最近你有没有对某个人生气。也许你的同事没有完成他那部分工作，你的朋友又迟到了，或者你的母亲非要对你指手画脚。

写出责怪他人让你生气的句子："我生气是因为 [这个人做了什么]。"例如："我生气是因为他三天都没有联系我！"

自己读一下这句话，看看你是否能感受到你所描述的感受。

把这句话倒过来，把你的愤怒归结于你的需要："[这个人做了那件事] 让我生气，因为我想要 / 需要 / 喜欢（从需要一览表中选择）。"例如，"他三天没有联系我，所以我很生气，因为我渴望被倾听，渴望和他多联系。"

注意你的感受在这过程中的变化。如果你把一切都联系到你的需要上去，而不是只联系到对方的行为时，你的感受是否就有了变化呢？

你可以代入不同的场景，用不同的感受多试几次。

改变你的"因为"

分开看待他人的行为和你的感受，这样可以让双方都设身处地地考虑问题。以我父亲变卦为例，如果我告诉他："我感到很受挫，因为你又临时变卦。"我是在责怪他使我产生现在这种受挫的感受。他的行为引起了负面反应，所以他反而可能感到内疚或怨恨。我希望双方都能看清，目前的状况对我们双方都不可行，而不是一味地互相指责。

为此，首先要改变你的说话内容，要将你的感受与潜在需要联系起来。

"我感到沮丧，因为你改变了计划。"变成"我感到沮丧是因为我希望你能多体谅一下我。"（表达对体谅的需要）

"我很难过，因为你对我隐瞒了一些重要的事情。"变成"我很难过，因为我很重视我们之间能够彼此分享。"（表达对信任的需要）

"你在会议上公开指出我的错误，让我很难堪。"变成"你在会议上公开指出我的错误，让我很难堪，因为我很重视和新伙伴的关系。"（表达了对归属感或亲密的需要）

这些话甚至有些公式化，"因为你［对方的行为］让我感到［觉得］"变成"因为我需要［你的需要］，所以感到［你的感受］。"

我们将在下一章再探讨四个对话技巧，帮助你通过对话建立情感联结。

本章第一要点……

· 你与他人对话的主要目的是避免情感联结的断裂和隔阂，要为情感联结和高效沟通创造空间。

其他重点……

· 表达需要和感受有助于促进理解，因为它们是两个普遍的情感联结点。

· 虚假感受混杂了评判的声音，会使其他人很难倾听到你的真实想法。

· 处理问题时，要关注自身的基本需要，不要等待对方改变，这样做可以帮助你摆脱停滞不前的状态，转而采取有效行动。

第七章

四个实用对话技巧：
清晰传达自己的观点

在上一章中，我们探讨了如何通过对话建立高质量的情感联结——主要是通过运用人类的共通点：需要和感受。在本章中，我们将在此基础上，进一步探究四种实用的对话技巧，帮助你在困境中实现沟通。

这四种技巧不仅能让你更好地表达自己，而且还能让你更注重自己的思维模式。当你以全新的视角看待自己的想法时，你就能更好地改变原本无用的想法。这些对话技巧可以帮助你避免评判自己和他人，把精力放在实现人生目标上。

每个人都有长久形成的惯性思维和说话方式。我们将详细介绍每一种对话技巧，探讨为什么在某些时候这些技巧可能是无益的，以及"需要理解"是如何帮助各方建立信任，产生有效的解决方案的。

这些对话技巧是：

・观察而不是评价；

・请求而不是要求；

・给予赏识和共同庆祝，而非表扬和奖励；

・表达后悔和歉意，而非内疚和否定。

技巧1：观察而不是评价

观察是对普遍认同的事实的客观陈述，而评价则是你对事实的个人解释。

"你在对我施压！"这是评价。

"从昨天起，你已经给我发了三份邮件了。"这是观察。

"我的伴侣对我不太深情。"这是评价。

"我发现如果我在公共场合牵我女朋友的手或者亲她，她似乎有些抗拒。"这是观察。

在生活中，如果有人做了我们不喜欢的事情，我们的惯性反应是不悦，并将原因归咎于对方。然而，如果我们想要做出改进，就需要让对方听到自己的想法。通常来说，相较于评价性话语，人们对观察性话语的回应更积极。评价会在双方之间造成隔阂，因为听者会觉得自己受到了指责。但观察不是指出听者的错，而是让听者去思考该如何解决问题。

"你把客厅弄得一团糟！"这是评价。如果有人听到这话，很可能会为自己据理力争，结果就是听者没能听出话中的言下之意。

"我看到客厅地板上有书和文件。"这是观察。有责任感的人不会一直找借口，而是倾向于思考这种状况会如何影响到他人。

"你不信任我！"这是评价，并且会引起对方的反驳。

"我觉得你并不信任我，因为你要我在发邮件给董事会之前先给你过目。"这是观察。我们说出了对方的行为，给出了自己的想法，给予了对方有建设性的回应。

"你迟到了。"这是评价。

"你说过你会在晚上六点前回来。"这是观察。这样说话更好，因为更符合事实，但这其中也隐藏着两个问题。第一个问题是，如果对方否认自己说过会在晚上六点前回来，那双方就会对谁究竟说了什么产生分歧。第二个问题是，"你说过"这三个字听上去像是在指责，这本身就会产生隔阂。

"我知道你会在晚上六点前回来"，或者"我听到你说了你会在晚上六点前回来"，这些观察性话语更能与对方产生情感联结，因为事实是不争的，我们陈述的是自己坚信的事实。

就像本章和上一章中提到的其他方法一样，你可以在书信沟通和会话时使用观察性话语。在邮件中说"我知道你明天会回复。"比"你说过你明天会回复。"效果更好，因为前一句让收件人有机会回应："哦，我不是这个意思。"或者"是的，我明白你为什么会这么想。"即使你说的话并不会影响双方先前的共识，对方仍可以理解你为什么会产生现在的想法，而且有更多友好讨论解决方案的机会。

我的一个朋友在帮父母清理房子的时候，试着用了观察性话语。她把一些物品放到了回收中心，回来的时候，她妈妈问："布丁呢？我跟你说了布丁和报纸一起放在了箱子里！"我的朋友感到一阵恼火。然而，她没有像通常那样回答："你没有告诉我箱子里有布丁！"而是说："我不记得你说过布丁放在哪儿了，不过你跟我具体说说吧，我看看能怎么帮你。"她没有接受责备，但也没有责备她妈妈。随后，她们决定再去买点布丁就行了，也就解决了这个问题。

那么"积极"的评价呢？难道也不可以吗？

乍一听这似乎有些违反常理，但的确也不可以：不仅"消极"的评价会切断情感联结，积极的评价也会如此。因为，只有对方也认同你的观点是有益的，才会觉得你在表示支持或提供帮助。

例如，有位助产士及时为一位难产妇女提供了救治。她认为这位母亲很厉害，当她回去看望这个母亲和新生儿时，她说："你在整个分娩过程中表现得很厉害——非常坚强和冷静。"没承想这位母亲居然很生气，她说当时自己其实吓坏了，害怕到无法动弹，都说不了话了。

赞美或赏识某人是一种很好的建立情感联结的方式，但形式很重要。在这个例子中，助产士说："我认为你在分娩过程中非常坚强和冷静，你觉得呢？"这样也许能为双方提供更多分享各自想法的空间。

你跟你的朋友说"你真是个好女儿"的时候，如果她也认可自己对妈妈非常好，那你们就可以建立起情感联结。但如果她觉得自己对妈妈不够好，那你的话可能无法引起她的共鸣和理解。相反，你可以尝试这样的说法："我觉得你妈妈很高兴你能经常看望她。"

在上述每一个例子中，我提供的替代说法都明确表明这句话是个人观点，而不是客观事实。这就能给对方留下空间，让他们可以表述自己对于事实的想法。我们在本章后面会讨论赏识和庆祝，届时将更全面地探究什么样的表述可以替代积极评价。

暂停框

识别你做出的评价

手边必备：笔和纸。

想一想近期引起你强烈反应的遭遇——也许让你感到了尴尬、愤怒、焦虑或高兴。

随意写下自己的经历，不要进行自我审查。

完成后，回顾你写的东西中是否有任何评价——积极的或消极的评价。如果有的话，试着用观察性话语代替。

你对这件事情的看法是否有任何转变？

技巧 2：请求而不是要求

接受他人的要求的感觉通常并不好。我们要么勉强服从，要么反抗，最终造成隔阂。因此，当你希望别人做某事时，如果你发出请求而不是要求，他们就更有可能愿意倾听你并帮助你。

请求和要求之间的区别不只是措辞。你要明白一点：你的目标不是达成个人目的或改变对方，因为这是做不到的。不过，你可以让对方考虑你的请求，实现你的目的，并且要认识到，对方是否愿意满足你的请求完全取决于对方。

马歇尔·卢森堡也有过类似观点，当时他谈的话题是家长总是认为自己可以控制孩子的行为。这种想法很愚蠢。"你不能强迫你的孩子做任何事。你只能想办法让他们自愿去做，不过这样你又会感到后悔。"①这里说的是"孩子"，但同样适用于"伙伴""雇员""朋友"或其他任何你想代入的人。

提出请求可以让对方知道你希望他怎样满足你的需要，但前提是对方的需要也要被满足。你的目的是与对方建立情感联结，使对方愿意满足双方的需要，反之亦然。也就是说，提出请求既能实现你的目的，又能顾及人际关系。

那么，提出请求的最佳方式是怎样的呢？请求需要具有以下四个主要特征，才能更好地维持情感联结：

· 明确；

· 积极；

· 坦诚且直接；

· 开放对待可能遇到的"不"；

---

① 马歇尔·卢森堡（Marshall Rosenberg）曾在培训时说过这点。在他撰写的《非暴力沟通·养育篇》中有更完整的内容，该书中文版已由华夏出版社出版。

我们将依次探讨这四个特征。

明确的请求

尽可能具体地提出你的请求，让每个人都清楚你想要什么。

"你能不能多来看看我？"变成"你能不能每个月都来看一次我？"

"你能尽快完成本周的员工评价吗？"变成"你能在周五之前完成两个员工评价吗？"

积极的请求

说出你想要的东西，不要说你不想要的，这样可以避免互相责备。

"你今晚能不能少玩会儿电子游戏？"变成"晚上你想玩新的棋盘游戏吗？"

"请不要将食物留在公司冰箱里过周末。"变成"请记得在周五从冰箱中取走食物。"

坦诚且直接的请求

坦诚地请求你想要的东西，避免你和对方之间产生怨恨。

每当大卫的伙伴彼得想要大卫帮忙解决电脑问题时，他不会直接问大卫，而是不停地告诉他电脑出问题了，直到大卫去解决。彼得对占用大卫的时间感到很内疚，担心总有一天大卫会拒绝帮忙，所以彼得没有坦诚说出自己的想法，而是一直在暗示大卫。另外，大卫也会反感，因为他没有感觉到彼得对自己有什么感激之情。其实彼得可以这么说："大卫，我电脑又出问题了，可能需要你帮我看一下，你星期六有时间吗？可以花个几小时帮我看一下吗？"

莎拉的母亲也有类似行为，她说："今天下午，你就做个好人，在家里帮我一下，好吗？"莎拉对此感到很恼火。"我只有按她的要求做才是她的好女儿吗？我难道就不能说'不'吗？"莎拉向往那种能够随意说"是"，又不觉得被人要求的关系。莎拉的母亲可能还会继续说："莎拉，你今天下午能帮我换一下床单吗？我一个人换有点困难。"

开放对待可能遇到的"不"

向他人提出请求时，最重要的，也是最难以接受的一点就

是要做好被拒绝的准备。如果有人对我们说"不"，我们的下意识反应可能就是指责对方，让对方感到内疚，或以某种方式惩罚对方。但是，这样做只会给人际关系带来压力，造成隔阂，导致对方不愿帮助我们。最理想的结果是对方会按照我们的要求行事，但对方的顺从也只是为了避免争吵而已，或者对方会干脆把我们的话当耳旁风。

提出请求之前，要问自己一个关键问题："我是否接受被拒绝？"如果你不接受，那么无论你说得多么具体、积极和直接，你实际上一直都在提要求，并且这会体现在语气和措辞中，对方也会产生抵触情绪。你需要改变自己的意图和态度。

"我们下周再开会讨论这个问题。"变成"我想下周再开会讨论这个问题。各位觉得如何？"

"请务必把垃圾拿出来。"变成"你可以把垃圾拿出来吗？"

"我们现在投票吧。"变成"有谁对现在就进行投票有意见吗？"

听到"不"可能会让人很难受。遇到这种情况，你可以想想你的需要是什么，这样就不会做出惯性反应。听到"不"的时候，思考一下你自己有哪些需要没有得到满足？你也可以想想对方的需要是什么。对方说"不"的时候，是想满足他自己什么需要？最后，你应该把"不"这样的否定回答看作会话的开始，而不是结束，这一点很有用。如果你开启的会话类似上一章探讨的情感联结性会话，那么你可以告诉他人你的需要是什么，并寻找适用各方的解决方案。

最近，我的朋友保罗问他的妹妹艾拉愿不愿意星期天帮他给他们年迈的父母家做些维修工作。有一些工作需要两个人做，而且他之前也已经和艾拉说过，如果她不帮忙的话工作很难进行。她的回答是"不"。保罗很恼火，但他经历了上述遭遇后，注意到了自己下意识反应背后隐藏的真正原因。

他先带着同理心审视自己。他心想："其实平时都是我自己打理父母的房子和花园，但最近我背疼，所以觉得有人给我搭把手会好点，我的付出也值得被认可。"之后他意识到他非常需要证明自己很有能力，所以他没有向他的妹妹透露过自己背疼。接受自己的需要也让保罗能够设身处地为妹妹着想。保罗记得艾拉一周经常要工作六天，只有星期天才有时间陪她的两个孩子。他猜艾拉的需要是多一些与孩子在一起的时间，和他们交流，艾拉渴望保罗能明白她拒绝帮忙其实是有苦衷的。

在这个例子中，艾拉说出的"不"成了进一步会话的开始。保罗问艾拉是否愿意听听他的想法，并客观地表达了自己的需要和他受到的影响，艾拉也愿意向保罗分享自己的想法。原来艾拉压力很大，而且她还答应了两个儿子星期天陪他们玩。她想要遵守与儿子们的承诺，但听保罗说了自己的烦恼后，艾拉决定问问孩子们愿不愿意在祖父母家玩一天。孩子们说他们愿意，于是保罗在当地一家酒吧订了餐。就这样，他们不但达成一致表示会相互帮忙，现在又可以共度时光，这是他们几个月以来最快乐的一天。也是在这天，他们还谈论了以后一起照顾父母的事情。

暂停框

听到"不"的时候应该怎么办

想象有人对你说"不"。注意你此时希望对方做什么，以及为什么这样做能满足你的需要。

然后问问自己："我以前是否可以接受对方对我说'不'？"

接下来，想一想是否有什么原因让你无法接受别人说"不"。这可能表明其实当时你存在着其他需要，或者你在坚持某种其他想法。

你还能怎么满足自己的需要？

如果你已经尝试了这些方法，但你请求的人仍然说"不"，那该怎么办？你在这种情况中还是有一些选择的。你可以继续与他们沟通，和他们说说你受到的影响，或是寻求其他方式来满足你的需要，再或者你可以选择提出要求。如果你必须优先考虑自己的需要，而且你一时半会儿也找不到其他可行方式，那提出要求可能是你最好的选择了。但是提出要求会在双方之间造成隔阂，所以你要特别注意提出要求后要与对方重建情感联结。

你可能经历过这样的人际关系：尽管你已竭尽所能，但你的某些需要始终得不到满足。在这种情况下，你可能会因为你的其他需要得到了满足而选择继续这段关系，或者——最终你可能会重新考虑是否应该继续维持与此人的情感联结。

技巧3：给予赏识和共同庆祝，而不是表扬和奖励

那是一个阳光明媚的星期二下午，我在学校门口等我的女儿，当时她才5岁。不一会儿，她就跟她的新朋友杰德一起冲了出来。"妈妈！你看杰德拿到什么了！她是今天我们班表现最好的人，所以老师奖励了她一张贴纸！"杰德也自豪地指着贴在她衣服上的笑脸贴纸，给我看她的奖励凭证。我们的教育体系中非常流行一种表扬和奖励的文化，那是我女儿第一次见证学校给予的表扬和奖励凭证，后来她在学校也收到过无数的表扬和奖励。我现在的担忧就如同当时。

我的担忧是什么呢？就是我们通过奖励孩子，教他们调整自己的行为以获得外界的认可，而不是满足他们自己的内在价

值。我不是在批评教师，我明白教师用最少的资源做出了最优异的成绩。对我来说，这是一个存在于我们文化中的系统性问题。在工作中，你可能经历过激励计划、"月度最佳员工"一类的项目，或口头形式的表扬反馈。在学校里，奖励就是贴纸、宿舍积分和体育竞赛获胜的战利品。在家里，如果你满足了家人的期望，你会得到美食或者礼物。

无论表扬、奖励是父母、上司还是其他有权威地位的人给予的，一般都不会建立起信任关系，也不会使情感联结更紧密。更多情况下，表扬和奖励是善意的，通过操纵我们的行为，让我们能够符合别人的期待。但坏处是，表扬和奖励会促使我们改变自己的行为去赢得奖励，而不是让我们能够自由地顺从内心，去满足我们自身和周边人的需要。在杰德的例子中，她拿到的贴纸无法促使她思考为什么要为他人着想，也不能让她反思自己的行为是否满足自己的需要。我希望她能问问自己："我自己想成为什么样的人？"而不是"我怎样才能拿到更多贴纸？"

但不管怎么说，让做好事的人由于被嘉奖而感到高兴肯定是一件好事，对吧？奖励的目的难道不是帮助孩子养成我们所想看到的行为吗？当然，我希望大家不要妄自菲薄，我也肯定希望孩子们能有爱心、有想法，但前提是不能有负面后果产生。如果我们一生中不断接受奖励和表扬，我们就会与同事、兄弟姐妹和同学成为竞争对手，不会设身处地为他人着想了。我们应该拆掉高墙，而不是筑起高墙。由于我们一直被教导要依赖外界才能实现自我价值，所以我们渴望得到他人的认可，却不知道该如何珍视自己。我们会拒绝尝试新事物或创新，因为这样做会让我们没有安全感。如果我们失败了怎么办？失败了将如何对自己保持好感呢？

一旦你意识到你不会对朋友或者与你平等的人给予表扬、奖励，躲藏在表扬和奖励背后的操纵意图就变得显而易见了。例如，如果你最好的朋友在工作中晋升了或订婚了，你会与之庆祝，而不是奖励对方。"我们去喝一杯吧，为你的好消息干杯！"与对方庆祝无关乎能得到贴纸还是徽章，只是意味着你会为朋友的喜事感到高兴。

那么，有什么方式可以替代表扬和奖励呢？诚然，无论你是在管理一个卓有成效的团队，还是在养育正在学习新事物的孩子，你都想表达喜悦，为他们的成功感到高兴。关键因素在于你的动机。如果你在工作中表扬了你的团队，鼓励他们下个月再接再厉，或者表扬你的孩子，希望孩子在学校能再接再厉，这些行为就属于奖励，要适当避免这种行为。另外，如果你想表达喜悦之情，有以下几个选择：

三种代替表扬的方式

庆祝：与对方站在一起（开心地跳起来！）。你要与他们的成就感共鸣，而不是强加你自己的想法。前文提到，你的意图比措辞更重要；你可以尝试了解对方的真实感受。

家长："你数学考得很好。奖励你吃个冰激凌！"变成，家长："我真为你高兴！哇，你是不是也很开心？快给我讲讲！"

赏识：说说这个人做了什么，他满足了你哪些需要。对方到底是如何影响到你的，不要根据外界标准一味地指责对方的行为。

"你今天早上真乖，也不吵我。"变成"谢谢你今天早上自己找游戏玩，让我有时间能完成工作，享受周末，这样真好。"

如此一来，对方就会知道自己的行为是如何帮到你的。如果对方仍然这么做，很可能是因为他喜欢为你付出，而不是为了获得奖励。

看到什么就说什么：大声说出你从对方身上看到的东西，问问对方自己有没有察觉到什么。这样，对方就能够对自身或自身的工作形成自己的判断，而不是被动接受你的评判。

"你给 CEO（首席执行官）做的演讲很精彩。下个月对你做评价的时候，我会记得算上这场演讲的。"变成"我注意到 CEO 对你的演讲频频点头，还写了很多笔记。你觉得自己表现得如何？"

暂停框

探索赏识和需要之间的联系

手边必备：人类需要一览表，笔和纸。

设想一件别人做得让你很开心的事情。也许是一个老朋友突然给你打电话，同事找你咨询，或者你正处青春期的孩子主动洗了衣服。

参照人类需要一览表，看看你的哪些需要得到了满足。

回忆这一经历时，如果你想感谢他们，写下你可能会说的话。

技巧 4：表达后悔和歉意，而非内疚和否定

在第五章"如何应对困境：实现自我共情的方法"中讲过，我们之所以会做出令人后悔的事是为了满足自己的需要。我们已经探讨过事情发生后，怎样找到未满足的需要以及当时的行为试图满足的需要。在这里，我们将进一步探讨如何向被我们伤害的人表达歉意。表达歉意的方式非常重要，如果我们道歉时无法顾及所有人的需要（包括我们自己的需要），就会踏入以下陷阱之一：

· 百般辩解掩盖内疚，或者说服自己根本不需要道歉；
· 被内疚冲昏了头脑，为了让自己好受点，卑躬屈膝地去求对方原谅。

"需要理解"视角下的"道歉"，旨在补偿，进而推进关系发展。一切形式的"道歉"都是为了修复关系。

在"需要理解"视角下如何道歉

以下道歉方式可以减少人与人之间的隔阂。以下方式无特定顺序，请自由选择适合你的方式。

带着同理心道歉。有助于建立情感联结的道歉方式包括：

· 说清楚你道歉的原因；
· 设身处地为对方着想；

· 说出你下次会有怎样不同的做法，或者询问对方希望你
  怎么做。

"我真的很抱歉在会议上那样说你。我明白你可能会感到
沮丧和生气。你愿意说说你的感受吗？或者你想让我做些什
么呢？"

这样的道歉方式和传统的道歉方式有什么不同呢？区别就
在于你道歉的重点不在于重申过错，而在于表露悲伤。透过需
要的视角，你可以带着共情和体谅的态度进行自我审视，思考
自己造成的种种影响。你所做的一切都只是在努力满足自己的
需要。

接受他人表达自己的感受。 带着同理心去倾听，避免打断
对方说话、为自己辩护或争论。如果你发现自己的感受有所起
伏，那就先花点时间理解自己、自我共情，之后再关注对方。
同时，尽量不要让自己再沉浸于内疚中，反过来希望有人能拯
救你。要把重点放在对方身上，不是放在你身上。

主动承认错误。 这不同于自责。责备不仅会对你产生负面
影响，还会使你难以设身处地为对方考虑。

你和对方的关注点是不同的。对方想知道你的行为会对他
们产生什么影响，而你想要的是明确自己的意图——为什么你
会有这样的行为。你可以先审视自己为何做出如此举动，先与
自己和解，然后再去道歉，这样做更有效。你如果足够了解自

身，便不会强求对方理解自己，对方也更愿意向你说明你的行为对他们产生的影响。

"我发那条消息并不是想让你难过！"变成"我知道我发的那条消息给你造成了很大的影响，我真的很抱歉。我很后悔发了那条消息。"

不要说"我很抱歉，但是……"如果你加上一个"但是"，你就是在为自己辩护，而不是在道歉。

"对不起，我是回复得很晚，但是这是因为我这周有很多事情要做。"变成"对不起，我回复得很晚。我知道这给你带来了不少麻烦。"

道完歉后，如果对方愿意倾听你，那你可以继续和对方诉说你的情况。但要记得上一章讲过的能够帮你建立情感联结的对话方法，比如要关注行为背后的感受和需要。

内疚的危害

人在后悔时很容易感到内疚，但这样一来我们往往在无意中过于关注自己而忽略了对方，仿佛一定要让对方原谅我们，我们才能感觉好受些。我有一个朋友，他接受了自己是同性恋的事实，于是在结婚 30 年后，他还是决定与妻子分居。每当他想到自己给妻子造成的影响时，他的心都会被内疚吞噬。只有当他彻底走出内疚时，他才能够完全面对妻子。

"我很抱歉，我心情很差。我表现得太差了。"变成"我很抱歉，我觉得这件事一定让你不好受。能和我具体说说吗？"

本章第一要点……

· 棘手的会话，例如指出什么东西没有用或要求他人以不同的方式行事，不一定会以分歧结束；某些处理方式既可以建立更紧密的情感联结，又能够产生独到的解决方案。

其他重点……

· 当我们对某人不满意时，应进行观察，而不是评价，这能让我们在不损害人际关系的情况下表达不满。

· 如果我们有所需要，不能强迫他人满足我们；相反，我们可以提出考虑周全的请求。

· 表扬和奖励表面上很好，但会产生意想不到的负面影响；
  赏识和庆祝能够更有效地与他人建立情感联结。

· 当我们想弥补自己造成的后果时，内疚和否定会阻挡我
  们关注对方；相反，我们可以表达自己的歉意和后悔，
  以此修复关系。

行事时顾及所有人的需要

第四部分

在第一部分中，我们学习了如何用共情的方式与他人建立情感联结；第二部分探讨了如何关注自己的需要；第三部分着重探讨了如何在对话中关注实际情境中所有人的需要。"需要理解"的第四个技能领域则聚焦于如何在行事时运用这些知识。

第八章

你的需要、我的需要以及解决问题的新方式：制订兼顾各方的策略

- ·深入分析需要
- ·兼顾各方需要的实用框架
- ·应用实例
- ·这不也是妥协吗？
- ·策略让步于需要
- ·当指纹需要成为解决问题的核心时
- ·使用框架分析内心困境

第九章

对错之外：从对抗到合作

- ·对立关系范式
- ·伙伴关系范式
- ·尊重界限——带着关怀说"不"
- ·跨越分歧，建立情感联结

第八章

你的需要、我的需要以及解决问题的新方式：制订兼顾各方的策略

本章将目前所探讨的全部内容融合起来。我们已经探讨了如何在特定情境下感知所有人的需要，讨论了通过需要与他人建立情感联结的方法，从而打造更亲密、富有成效的人际关系。但明白这些之后呢？与别人意见相左时该如何处理？如何在照顾别人需要的同时又不委屈自己？

此时若有个万能的简单框架便会大有裨益。我们首先来看这个框架是如何将本书已述内容整合在一起的，以及它如何帮助我们将"需要理解"的第二原则——只有行事时顾及每个人的需要，世界才能以最佳运行状态运行——付诸实践。我们将通过列举在不同生活场景中满足各人需要的例子，探讨如何将这个框架应用到实践中去。不同于两败俱伤的妥协方式，此框架往往能够使人找到共赢的解决策略，其解决成果也令人喜悦。如此，我们可以在进退两难之际解除困境、维护关系、克服障碍，探寻解决问题的新方式。

深入分析需要

我们在第一章"极简秘诀：从需要的视角来理解世界"中曾提到过，人们往往倾向于直接从问题层面跳到策略层面，不关注潜在需要。如果大家对最终的决定云集响应，那倒没什么。例如，一位经理及其员工都觉得他们长期加班过度（问题），所以决定相互鞭策，争取每天下午五点半就能下班（策略），那么双方其实在不知不觉中都考虑到了自己的需要。虽然每个人的潜在需要不尽相同，但解决方案是双赢的，可以说是两全其美。

但现实生活中的情况往往更加复杂，该怎么办？如果经理提议要提高工作效率，但员工认为自己已经负担过重，希望减少工作量，这时该如何处理？在这种情况下，直接从问题层面跳到策略层面很容易导致出现分歧。结果可能会引发一场权力斗争，要么管理者通过强制推行自己的计划方案维护权威；要么勉强达成一个对任意一方并无实际效用的妥协方案。

一种更有效的方法是在决定如何处理这个问题之前，先"下沉"到问题深处，了解当前问题背后的需要。

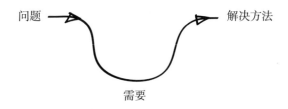

你可能还记得本书开头展示过的这个图。其背后的理念是，

人们的策略可能会引发冲突，但这些策略背后的需要是共通的。这种共通性让我们更能够理解彼此。如果你能够考虑他人需要并在他人需要和自身需要间找到平衡，就可以找到多赢的解决方案。

与此同时，你可能会联想到第一章中谈到的"炖锅"。深入了解问题背后的需要的过程就像是把每个人的需要都放进一个锅里，搅拌一下，然后看看会煮出什么。此法能帮助你以独特的方式看待每一种情况，并想出新颖、富有巧思的长期策略。相较于直接寻找解决方法，探寻人们背后的需要花费的时间更多，但它比"快餐"式的解决方法更有营养。

兼顾各方需要的实用框架

类比到此为止。鉴于现实生活中并没有这样的"炖锅"，那我们该如何才能最好地"照顾每个人的需要"呢？"炖锅"在现实生活中指代什么呢？我在研讨会上分享这个框架时通常会将其描述为一个物理过程——从 A 地走到 B 地。我将用此方法介绍这个概念，但是你也可以用对你最有效的方法辅助理解。你可能更喜欢把它写在一张纸上，或者简单地在脑海中过一遍步骤。

如果你现在想在阅读的过程中梳理一个事件，那么请准备一支笔和六张纸，将它们标记如下：

· 情境

· 我的感受

· 我的评判

· 我的需要

· 他人的需要

· 策略

按照下面的图示将其排列在地板上，你站在情境图旁边。

（我也会参考人类需要一览表，详见本书末）

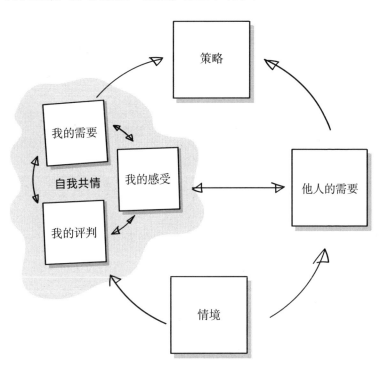

　　接下来，请描述一个棘手的困境，它可以是当下发生的、过去发生的，抑或你担心未来会发生的。参照老规矩，初次尝试梳理一个事件的时候，最好规避让你情绪过激的事情。回想的过程中你可能会觉得思绪混乱，也可能条理清晰，这都没有关系。最重要的是花时间去和正在发生的事情及其对你造成的影响建立联结。其间有各种感受涌上心头也不要紧，提醒自己，这是一种健康、自然的反应。

　　现在请换一种思考问题的方式。朝左看，有三张分别写着"我的感受、我的评判和我的需要"的纸，走过去选择其中一张，看看自己选的什么。大多数人会发现"我的感受"或"我的评判"很容易成为首选，因为我们在第二部分"带着共情理解自身"中学过，这二者是自身需要的主要表现形式。你能说出自己当下的感受吗？或说出自己的评判吗？我们一般羞于承认这些感受，但我们此时的目的正是带着共情接纳这些感受，并同这些感受背后的潜在需要建立情感联结。

　　为方便起见，我建议你先看看人类需要一览表，花点时间通读一遍，看看有没有什么新发现——你现在有什么需要？此刻，你可能会发生一些转变："当然！我很沮丧，感到身心俱疲，我希望自己的努力能得到认可。我需要认同、我需要休息、我需要获得理解。"清楚自己有这些需要会让你感到如释重负。

　　切记，有时我们很容易提出一些并非自己真正所需的需要。

例如，"我只不过要求她每天按时上班罢了。"如果你的需要不在清单上，那可能是因为你有一些独特的潜在需要。所谓"独特"便是指在此种情况下你更加偏好的策略。"偏好"就是你在这种情况下的首选策略。为了帮助你区分偏好和需要，你可以问问自己：如果事情如我所愿，会满足我什么样的需要。在这里，你的"偏好"是你的同事按时上班，而我的需要可能是：这一行为体现了对你的尊重或体谅。这便是探寻真实需要的过程，不能将其与"偏好"混淆，只有这样才能真正做出改变。

现在是时候走近别人的需要了，这样你才可以开始和他们建立精神、情感联结。猜猜他们在想什么呢？他们的需要是什么？当然，他们此时可能并不需要别人带着同理心倾听他们，但到访他人的岛屿和换位思考可以让你能够带着同理心理解对方。试着猜一下他人的需要。

在这个阶段，你可以开始制订策略。许多人发现，一旦他们能识别对方的潜在需要，制订策略就会变得易如反掌。即使你一时间没头绪也没关系，再给自己点儿时间，时机到了便会水到渠成。或者你当下的策略是带着同理心与对方交谈，集思广益想出办法。不管是哪一种情况，最后的结果都要比你"闭门造车"，或是没有察觉到潜在需要更有建设性。

这个过程可以相当灵活。例如，如果你只是对别人的行为感到费解，你可能会直接去探索别人的需要，而忽略自己的需要。你这样做只是单纯想要理解他人的行为。此外，你可以随时在这几张纸间切换；正如我们在第四章"你的行为驱动力是什么？"中所看到的，需要、感受和评判之所以被置于一个三角中，就是为了方便你根据自己的情况进行调整。我希望你能把眼界放宽，摆脱线性思维。最重要的是要学会通过识别需要，间接地从分析情境转至给出策略。

总结

这个框架包含四个基本步骤（步骤 2 和步骤 3 的顺序可以互换）。

1. 描述情境

2. 探索自己的岛屿，与自身需要建立情感联结

3. 拜访他人的岛屿，与他人需要建立情感联结

4. 提出策略

在假想状态下练习这一过程会大有裨益，因为你会熟能生巧，从而在真实场景中也能得心应手。你可能想和同事就某个问题再次据理力争，或直面一场让你惶恐不安的工作会议。这个框架可以让你对过去或现在发生在自己和他人身上的事情洞若观火，并找到让你取得进展的新策略。同时它也可以帮助你把注意力从对事件的固有解释转移到发现现实情境中的需要上。只有这样，你才能找出富有创意、可行的解决方案。

应用实例

有时举例是解释事物运作方式的最简易方法，在此特举几个我身边人的例子，帮助大家理解该框架在现实生活中是如何奏效的。

第一个故事是关于我的表妹安娜贝尔的。她今年 25 岁，最近刚刚搬家，和另外四个人合租了一套房子。刚开始她因为自己初来乍到，而另外四个人彼此知根知底，所以多少觉得跟大家有点生疏。不久她就和大家打成一片，但有一件事令她分外困扰。其他四个人大部分时间都不想开暖气，但我的表妹受不了，恨不得把恒温器调到最高档。这不仅仅是舒适度的问题，因为表妹以前住的房子又冷又潮，所以她落下了病根；作为职业舞者，一副好身板才是她工作和逐梦的本钱。她为此忧心忡忡，但也不想强迫室友开暖气，生怕破坏刚刚建立起的友谊。

她的室友埃兹拉坚决反对开暖气。一天早上，我表妹发现厨房里只有她和埃兹拉两个人，于是决定借机和埃兹拉谈谈这件事。她很清楚，如果让对方因为此事心生内疚并不利于他们关系的长期发展，所以她转而专注于表达自我感受。"我害怕，"她直言道，"真的害怕，我以前就因为住的房子太冷而生过病，作为一名舞者，我真的不敢生病，因为耽搁不起。暖气对我太重要了。"

埃兹拉非常震惊——他未料到我表妹会如此恐惧不安（事实上，我表妹在说出这番话前自己都没察觉到）。埃兹拉被我表妹的坦诚和脆弱打动了，这也让他能敞开心扉道出自己的难言之隐。"我担心的是钱的问题，"他说，"我的工作一直很不稳定，每个月都怕入不敷出付不起各种账单，但我觉得取暖费还是能付得起的。"

因为我表妹和埃兹拉都愿意放下戒备，开诚布公，说出自己的感受，所以他们才愿意互相帮助。我表妹需要健康，而埃兹拉需要财务安全，两人都需要彼此之间的情感联结。这一点让他们改变了自己的立场，埃兹拉对财务安全需要的焦虑减轻了，因为他更认同我表妹对健康的需要。"我当然希望你身体健康，这样你才可以好好跳舞，"他说，"我相信我们能找到一个双赢的办法解决问题。"作为回应，安娜贝尔认真考虑了埃兹拉对金钱的顾虑，并答应看看能否找到一个避免巨额电费的方法。最后，他们决定先试试一个月全天供暖，在月末看看电费账单——金额可能并没有埃兹拉担心的那么高。但如果真的产生巨额电费，他们就会再另寻一个能兼顾所有人需要的解决方案。

第二个故事是关于珍妮和她十几岁的女儿艾瑞斯的。每年，珍妮一家都会和另外五个家庭一起乘船去运河度假。有一年度假被迫取消了，大家都很失望。另一位母亲艾莉森私下安排了一次单独的旅行，邀请了另外三个家庭，唯独没叫上珍妮一家。珍妮知晓后非常伤心，觉得自己家被孤立了。

后来，在珍妮一家去康沃尔度假时，事情发展到了高潮。

康沃尔离艾莉森家只有两个小时车程的距离。艾瑞斯急切地想见她的朋友们，便向珍妮恳求："妈妈，我们能去艾莉森阿姨家吗？你可以和艾莉森阿姨聊天，我们这些小孩儿可以自己出去玩。"珍妮感到心如刀绞。因为她觉得这不仅意味着她要面对艾莉森给她带来的不快，还意味着她期待数周的划船计划泡汤了。"既然艾莉森度假都不邀请我，那我也不稀罕见她，"她喃喃自语道，"我绝对不会为了她放弃划船计划。"

她正要向女儿解释她们为何不能去，女儿突然号啕大哭，"我很怀念以前大家一起去河边度假的日子，我怕我们再也不能一块儿旅行了。上次假期他们就没邀请我，我不明白他们为什么撇下我们。"珍妮立刻对女儿产生了共情——显然女儿也很难过。此刻珍妮开始关注到女儿的需要，这并不意味着珍妮自己的需要不再重要，但关注到女儿的需要为她提供了一个看待问题的全新视角。

然后，她们的谈话内容从是去艾莉森家还是去划船，转到如何让每个人都玩得开心上。在分享感情和需要的过程中，珍妮和艾瑞斯开始站在同一阵营中。珍妮的需要是轻松和享受，并有着强烈的指纹需要——归属感，这就是为什么她对上次度假被撇下那件事耿耿于怀。她意识到，这是一种她可以在假期之外满足的需要——此时此刻以自我共情的态度承认这一点就足够了。

"看来你很想见她们，"珍妮对艾瑞斯说，"我看看能否找到一个两全其美的办法。"经过一番讨论，最后的决定是，珍妮一家白天去划船，艾莉森一家晚上来和他们会合。

这两个故事都告诉我们真诚坦露脆弱的力量——它让我们以一种全新的方式分析问题。在这种情况下，我们更加需要关注的是问题背后的需要，而不执拗于固定想法。深入了解这个过程也大有裨益。在第一个例子中，安娜贝尔首先意识到自己对健康的需要，然后也意识到埃兹拉对财务安全的需要。在第二个例子中，珍妮首先认同艾瑞斯对情感联结的需要，而后有时间去思考自己的需要。首先探索谁的需要并没有固定的顺序——重要的是，在寻找策略之前，你要能够识别各人的需要。

这不也是妥协吗？

这个问题问得好。从表面上看，妥协和"需要理解"的解决方案似乎差不多。然而，它们的实现过程不同，这就是为何"需要理解"能更好地解决问题。妥协本身就会制造一种冲突感，因为妥协一方或双方通常必须放弃一些对他们来说重要的东西。"需要理解"策略是一种效力更强的双赢解决方案。相较于妥协，"需要理解"策略更富想象力，它产生的二元冲突矛盾感也更少。

回到我表妹安娜贝尔的那个故事。在那个故事中，一种妥协可能是开暖气时间减半，那我表妹就无法全天开暖气了，而埃兹拉则不得不减少其他方面的开销。另一种妥协就是他们最后采用的方案：先试着一个月每天全天候供暖。如此一来，我表妹的自身需要在短期内得到了极大满足，但一个月后她也可能放弃这种做法，而埃兹拉则可能会因为高额电费变得患得患失。但通过在彼此的需要间建立情感联结，他们的策略给人的感受不像是妥协，而是一种让双方各得其所的解决方案。埃兹拉要满足安娜贝尔的健康需要，安娜贝尔要满足他的财务安全需要。这样两人就站在了统一战线上，而不是处于一种敌对的状态。

策略让步于需要

"需要理解"的核心是区分策略和需要。人类的需要是共通的，但策略不是——它们是我们为满足需要而采取的具体行动。例如，我们每个人都需要休息，但我们可以通过各种方式来满足它：早睡、小憩、少喝酒、锻炼和其他选择。为满足同一种需要，不同的人可能会采用截然不同的策略，具体策略因人而异，因时制宜。

认识到这一点至关重要，因为我们与他人发生冲突、产生疏远往往是策略不当所致，而绝非我们的需要导致的。要用批判的眼光来看待策略，尤其是在现有策略对解决问题无济于事的时候。

以卡米尔和萨拉为例。他们在争论去哪家餐馆吃饭，但这并不是他们真正的分歧所在。也许卡米尔有一种渴望被倾听的潜在需要，而萨拉的需要是获得乐趣、得到尊重。二者为了满足自身需要采取的策略一致——都是说服对方接受自己的选择。所以卡米尔坚持要去心仪的餐馆时采用的策略并没有满足萨拉对乐趣和尊重的需要，并很可能适得其反。为了解决问题，卡米尔可以继续坚持自己的需要，但也要做好准备，放弃个人偏好的策略来满足对方的需要。

兼顾各方需要的解决方案是最为行之有效的。卡米尔的一个策略可能是让萨拉想出一个双赢的解决方案。如果卡米尔和萨拉都熟悉"需要理解"的话，她就可以通过识别双方需要来达成共识。卡米尔可以说："我的需要是重要的，而你也需要乐趣和尊重，对吧？或许有什么两全其美的方法。"这种询问本身就是一种尊重，也能让萨拉放松下来，更充分地考虑卡米尔的愿望。

然而，如果只有卡米尔懂得"需要理解"，或者识别需要会让她们感到不真实或不适，她可以试着这样说："萨拉，我希望咱们能找到一个双赢的方法摆脱困境。你有啥想法吗？"卡米尔在这句话中对需要或策略只字不提，只是邀请萨拉一块儿想出一个能兼顾彼此需要的解决方案。

卡米尔的第二个选择就是要认识到她的需要应该自行解决，而无须放到可以平衡她们共同需要的"炖锅"中。通过不断地认识和共情彼此之间的需要，她与萨拉的对话也就不会那么剑拔弩张了。

倘若她们两人能多从这些角度思考问题，而不是执拗于"我就要去我喜欢的餐厅"，即使一方的第一选择没有得到满足，她们之间的爱和情感联结也会越来越深。兼顾并理解各方的需要，良谋妙计自会应运而生。

放弃策略知易行难——有些策略简直是为我们量身打造的，因而我们对其产生了依赖，甚至将其与潜在需要混为一谈。这会限制我们的思维。有很长一段时间，我都想搬家，从布里斯托尔搬到伦敦，因为这样可以拓宽我的工作人脉。但考虑到女儿也要跟着转学，我便打消了这个念头。"我必须留在这里，因为我不忍心让女儿告别她的好朋友和学校，跟我横跨半个国家去一个人生地不熟的地方。"我心想。在这件事中，我的需要是为女儿的健康成长着想，而我的策略是等她毕业了再搬离布里斯托尔，我将二者进行了合并。

伦敦一游后，我重新评价了当下的情况。我戴上"需要眼镜"，心想："女儿开心快乐就是我最大的心愿，我选择继续待在这座城市就是为了她。现在她稍大些了，也懂事了，也许能够考虑到我们彼此的需要，包括体谅我工作上的需要。"我想，虽然女儿不愿意搬家，但我们都可以预见搬家的好处：她可以到更好的学校去念书，也可以定期回布里斯托尔与朋友叙旧。这帮助我摆脱了对此前想法的固执己见，并看到了它的本质——一个我之前就想到的解决方案。我看到了一种能兼顾我们需要的双赢方案。在此过程中，我紧紧抓住了自己的需要，也不再对以前的策略恋恋不舍。

当指纹需要成为解决问题的核心时

约翰是一名独立顾问。有一位和他长期共事的商业教练直言不讳，说约翰总是轻易担任客户"拯救者"的角色。约翰一经对照发现自己经常会给客户各种许诺，最后都因不堪重负而食言，从而让人大失所望。对约翰来说，这种帮助别人的冲动暴露了他隐藏的指纹需要，即需要让人知道自己有足够的能力。

托妮有一种习惯，就是平日里会不自觉地和朋友保持距离。如果有人需要帮助，她就会急切地伸出援助之手。一旦朋友不感激她，她就会愤愤不平。她可能有一种情感安全的指纹需要，只有当她认为她的努力会被欣赏时，她才会尝试与某人亲近来满足这种需要。然而，实际情况常常变得事与愿违。

如果约翰对别人认可他能力的指纹需要，或托妮对情感安全的指纹需要在与你打交道时表现出来，你可能会感到困惑、恼怒甚至失望。这就是为什么明白他人有指纹需要是十分必要的。这能帮助你理解对方的窘境，和对方共情，并找到行之有效的解决方法。

例如，看到约翰和托妮的情况，我们往往会有两种反应：口是心非地感激对方帮助，或恩将仇报翻脸不认人。这两种情况都可能会阻碍彼此间的情感联结。相反，如果你能识别对方的指纹需要，就可以尝试第三种方法：对对方保有共情的同时照顾自身需要。我们可以用这样的话来代替回避和愤怒："你的好意我心领了，感谢你的挂念，但现在我一个人还能应付得过来，需要帮助时会向你开口的。"

但要注意，我们在识别出他人的指纹需要时可能会心生一种优越感。"哦，我知道她怎么了。她在展示她某某方面的指纹需要。"此时保持谦逊会大有助益。我们在猜测到他人的指纹需要后万不可对其妄加评判。我们该做的是拉近彼此的关系，解决相关问题。

暂停框

使用框架分析指纹需要

手边必备：人类需要一览表。

对自己的指纹需要越熟悉，便越容易识别他人的指纹需要。

想象一个反复出现的情境，或者一个让你突然陷入强烈情绪的情况。这个情境是否与他人有关并不重要——选择一种能促使你更多地了解自己的反应的方式，或者一种可以促使你找到不同的解决方案的方式。

查看人类需要一览表，并如本章前面所述，通过"需要理解"框架反观自己的需要。

你可否识别指纹需要？可否将指纹需要与实际情境联系起来？有何启发？

如果你卡住了，重新阅读第四章"你的行为驱动力是什么？"会很有帮助，并再次识别自己的需要。

使用框架分析内心困境

通常，做决定前我们常常需要面对内心的冲突。一个人仿佛有诸多分身，而每个分身想要的结果似乎是不可调和的，我们可能会绕过需要，想象自己尝试各种策略，结果我们依旧无法避免内心的冲突。

还有一种方法可以用来处理内心困境，那就是从需要的角度进行思考。解决内心困境的"需要理解"过程与我们和他人发生冲突时的过程非常相似，只是在前者中我们与自身而非他人争论。我们仍然可以使用相同的基本框架来倾听内心不同的声音，并将其与背后的需要建立起情感联结。考虑了所有的需要之后，再提出解决建议往往事半功倍。

当我们陷入内心困境时，往往当局者迷，而倾听所有相互冲突的因素也让人感到不适。让我们看看勒罗伊的例子。勒罗伊想向他的老板卡特里娜提出一个激动人心的、前所未有的想法，并确信这个想法非常有潜力，他也知道卡特里娜可能会对新概念不屑一顾。他到底该不该去？

在周末仔细思考这个问题时，勒罗伊发现内心有两种声音。一个说："这是一个惊人的想法，是一个勇敢的举动！一想到要讲述这个想法，我就感到兴奋。"当他问自己为何提出这个想法如此重要时，他发现自己已经丧失工作热情好久了。"我想要充满活力和挑战的感受！这些都是我正在努力满足的需要。"

　　第二个声音对他来说很难听下去，因为他不喜欢那个声音：
"我感到尴尬和害怕被轻视。她可能会当场驳回。"勒罗伊可以
忽略这个声音（"没什么，真的。"），他也可以自我批判（"我不
应该有这样的感受，多大点儿事啊。"），或者他还可以给自己找
理由（"我再也不会有这么好的机会了！我应该放手去做！"）。
然而，他知道，当他忽视自己的某些想法时，这些想法只会让
他更抓狂，以期获得关注。最终，勒罗伊还是会对这些声音做
出反应，或者这些想法自己占据大脑，成为主导，阻碍他的梦
想和雄心。所以勒罗伊并没有回避第二个声音，而是尽他最大
的努力去倾听它，并倾听它背后的需要。他说："我有这种感受
是可以理解的。我的想法对我很重要，我害怕被卡特里娜拒绝。
我真的希望别人能听到我的声音。"

　　一旦他对自己寻求活力、挑战和被倾听的需要更有平和之
感，他也会自然而然地想到卡特里娜可能有的需要，尤其是她
对尊重的需要。如果他带着一个看起来不成熟的想法去找她，
她可能会感到不耐烦或生气，因为她的需要没有得到照顾。

　　现在所有的需要都已经准备好了，勒罗伊就能更清楚地思
考如何找到一个既适合他又适合卡特里娜的方法。他该怎样表
达自己的想法来表示对卡特里娜的尊重呢？他立即意识到，在
成本计算和利弊分析方面，他没有做足够的基础工作，这个问
题在进行需要分析之后便显而易见了。如果想让卡特里娜认真

了解勒罗伊的提案的话，这种数据分析是必不可少的。所以他提出了一份完整的提案，准备在周一提交给卡特里娜。

本章第一要点……

· 当我们发现自己在人际关系中寸步难行，或挣扎于棘手的问题，我们明白这往往是因为我们直接从情境跳到了策略，而没有考虑潜在需要。

其他重点……

· 要关心每个人的需要，我们首先需要同自己产生共情，其次是和他人共情，只有这样我们才能识别所有人的需要。

· 一旦我们确定需要，我们就能制订出比先前更有创造性和建设性的策略。

· 把需要和策略混为一谈会让我们陷入对自己不利的境地；如果我们紧紧抓住自己的需要，而不执着于先前的策略，问题就会柳暗花明。

· 妥协和"需要理解"的解决方案是不同的，因为妥协让人感受到一方或双方都放弃了一些东西，而"需要理解"的解决方案则是让双方共赢。

· 当我们内心陷入困境时，关注那些不舒服的声音和背后的需要，可以帮助我们找到一条更快乐的前进之路。

第九章

对错之外：从对抗到合作

　　德克兰和莉兹已经同居一年了，他们如胶似漆、乐在其中。只有一件事情除外——德克兰实在受不了莉兹的邋里邋遢。德克兰每天下班回到家都会把外套挂起来，把鞋归整在鞋柜里。莉兹可倒好，一进门脱掉外套往沙发上一甩，高跟鞋脱掉随脚一踢。这还不算完。莉兹做完饭总是留一地垃圾。如果她晚上要出门的话，就会弄得卧室地上到处都是她的衣服；如果她在家办公，她会从办公室带回一沓文件放到客厅。德克兰牢骚满腹有苦说不出，莉兹却若无其事地不知悔改。她觉得这无伤大雅，认为这些只是小事。

　　德克兰觉得饱受折磨。莉兹随性、幽默，这些特质也和她的凌乱相伴而生。德克兰珍惜他们在一起的快乐时光，也希望可以一直陪在她身边。但同时，他又为生活在一个像垃圾站一样的地方倍感烦恼。

　　他试着问莉兹是否愿意自己收拾一下，可是当下虽然她改正了，但下次又忘了。他试过忍受这种混乱，但是当忍耐到达一定限度的时候，他不禁怒气冲天。德克兰甚至试着自己整理，但他整理得越快，莉兹制造凌乱的周期就越短。他们的生活充满争吵，吵完后二人又满是内疚，他希望她开心，希望相处融洽。不断的挫败感和愧疚感使德克兰筋疲力尽。

最后，德克兰意识到要解决这个问题，就必须重新与莉兹建立情感联结。他首先从自身的角度出发来思考问题，因为不这么做，他就无法分出精力了解莉兹。他觉得屋子里太乱了，让人根本无法正常工作。"你生气是情有可原的，"他告诉自己，"你讨厌这样的生活，这种混乱影响了居家感受。有这种感受完全可以理解，争取自己所想完全正当。"对自己充分共情后，德克兰获得了内心的平静。现在，他觉得自己已经准备好去探索莉兹的处境了，"这是一个可以双方共同解决的问题"。

莉兹对此会有什么看法呢？德克兰意识到，对莉兹来说，凌乱本身并没有什么问题——事实上，她很享受把东西随便乱扔的轻松和自由。也能看出，这种混乱对她来说之所以是个问题，是因为这引起了他俩的争吵，她不喜欢被指责。而两人都追求感情和谐。现在，可以开始共同寻找解决措施了，德克兰首先提出了对双方都有好处的建议。

"我明白，从你的角度来看，东西随意摆放让你轻松舒适，我当然希望你感受到这份舒适。但对我来说并非如此。房子很乱的话我就会心情不好，我需要在整洁的空间里工作。我们双方都不喜欢争吵。有什么办法能同时兼顾我们俩的需要呢？"

德克兰试图从莉兹的角度来描述这个问题，她为之所动，并决定找到一个双赢的解决方案。他们讨论了数周，终于莉兹想到了一个妙招，即在家里腾出一个房间作为她的居家办公室，在这里她可以随意摆放物品，但在其他地方则不行。她有时忘记了，德克兰会温和地提醒她；如果莉兹不在家，德克兰便会主动把莉兹的东西放回那间屋里。这个约定一直沿用至今。

虽然你经历过的挑战与此迥然不同，但你仍有可能遇到类似的事情——讨厌的同事、熊孩子；笼统些的大问题，比如对政治环境的失望或对环境污染的绝望。我们总会面临相同的问题：我能做些什么？

我们将在本章中探究答案，而答案的核心是构建自己与他人的伙伴关系，避免对立关系。这为解决我们大部分日常生活问题以及更大的世界范围内的问题创造了崭新的可能性。我们可以在不损害与他人的关系的情况下解决问题，事实上，我们与他人的情感联结正是在这种解决问题的过程中培养起来的。

对立关系范式

当我们发现自己与别人意见不合时，我们会感到双方就像在进行一场权力斗争。我们面临的问题像座山，隔在彼此之间，双方都绞尽脑汁把它从自己的方向上移走。不考虑背后的需要，单单用自己偏好的策略去解决问题，只会使得问题大山岿然不动，结果往往背道而驰。

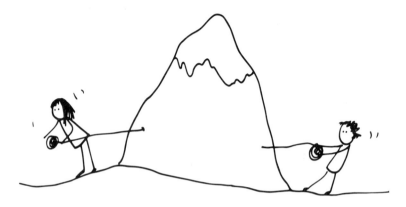

我们孤独地站在山的两边，看不见对方——失去了彼此之间的情感联结。这是由于我们从相对的角度看问题时只会囿于个人所见，而无法理解他人的看法。我们希望问题得到解决，但这建立在满足自身需要、不顾他人需要的前提下。我们也担心若放弃用自己的策略解决问题，就意味着放弃满足自身需要。这便是典型的对立关系范式。

处在对立关系范式中时，我们的心态是：

· 要么是我的问题，要么是你的问题。
· 问题存在于你我之间，阻碍了我们的联结。
· 我看不到你——我只能看到问题所在。
· 我的方法就是正确的方法。

·不管你说什么做什么，我都要坚持自己的看法。

·这是一场零和博弈。

·冲突是坏事，必须避免。

对立关系范式不仅体现在我们的人际交往或工作合作中，也体现在我们生活的方方面面。我们的社会结构——家庭、学校、公司和公共机构，在这些通常以等级制度进行管控的地方，金字塔上层拥有底层所不具备的权力和金钱。而等级制度的下层，例如儿童、低收入群体和边缘群体，则生活在对来自上层的劫掠的恐惧之中。很早以前，多数人就拥有这样一种认知：我们与他人是竞争关系，无论是与兄弟姐妹争夺父母的关爱、与学校里的其他孩子比拼考试成绩，还是作为成年人争夺工作和攀比收入，都是如此。难怪当我们与他人意见相左时，我们会将自己和对方置于对立面，这似乎是我们在这个优胜劣汰的社会中好好生存的唯一选择。

如果你想知道对立关系范式是否真的那么普遍，下次外出时，在公交车上或商店里，你注意听听你周围人的对话。你可能会发现，我们的常规社交方式是与自己的假想"敌人"相处，用他们来定义自身，他们可能是自己反感的政治家、熊孩子、气人的合作伙伴或令人失望的同事。我们似乎经常与那些我们觉得具有挑战性、难以理解或令人不愉快——有时甚至是可怕的人打交道，他们可能是陌生人、家人、同事，抑或熟人。若我们不了解如何在不放弃自己价值观的情况下，以理解和尊重的方式与他们交往，我们最终就会要么陷入冲突，要么退回到个人的一亩三分地。这意味着我们无法撼动他人的观点。往小处讲，它可能导致家庭内部的分歧；往大处说，它是社区冲突和国家冲突的原因之一。

当然，我们可以和那些与自己志同道合的人——比如那些与我们有着相同背景或相似世界观的人，结成同盟。花时间和那些看起来与我们最像的人待在一起，这通常是一种能有效满足诸如安全、归属感、舒适和安逸等需要的方式。然而，倘若我们的生活完全为其所占据，就会滋生问题。

还有另外一种选择。我们在"需要理解"方法中探索的工具鼓励我们向伙伴关系范式转变，而不去选择对立关系范式。因而我们平等对待所有的需要，以便使每个人都能得到满足——假设，找到多赢的解决方案是有意义的。我们从"持不同意见的人在山的两边"的思维中走出来，进入"大家都在同一边，共同面对问题"的思维中。

伙伴关系范式

在伙伴关系范式中，你的意图是寻找兼顾各方需要的解决方案。这包括准备好放弃你十分心仪的策略，同时仍然坚持自己的需要。

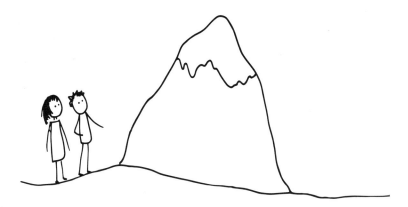

  这里的关键是，不要全盘否定对方，而是明白对方只是有些想法，这些想法不能满足你的需要。不要为该选何种策略起争执，而是要试着理解自己与他人的需要，以找到双赢的方法。如此一来，你也可以和他人建立更紧密的情感联结。并非每个人都要学习"需要理解"，只要你一个人可以将此方法加以应用，那么它同样可以奏效。

  转向伙伴关系范式时，我们的心态是：

- 这是大家共同的问题——我们是一个团队，要共同努力解决问题。
- 我会支持你——不会责备你，我们之前的情感联结会恢复的。
- 问题尚未解决，我们仍需共同努力。
- 我的想法只是一得之愚。

· 我坚持自己的需要是很有必要的，但我可以放弃自己偏好的策略。我一定会倾听你的需要并平等对待。

· 结果可以是让双方共赢的。

· 冲突是我们找到更好的解决办法的机会。

伙伴关系范式帮助我们从对个人策略的偏好，转向探究问题背后共通的需要，为双方创造联结，寻求共赢。因此，无法对双方都起作用的策略就无需理会了。

伙伴关系范式支撑着我们将自己看作一个社会，伙伴关系范式带来的诸多益处也是超出个体关系的。大家可以在脑海里想象一下一个场景：一个女孩因为扰乱课堂秩序而被送到校长办公室。校长没有因为她的不当行为而责备她，而是和她讨论她的行为是为了满足哪些需要，进而支持她找到满足老师、同学和她自己需要的有效方法。

想象一下我们可以如何转变政治体系。政客们与其争论是非对错，不如设想一个关注人们需要的体制。他们可以倾听并试着理解对方，而不是驳倒对方的政治观点。对于拟议的立法，要根据它能否满足需要来进行评价，这样做的目标是通过最能满足所有公民需要的法律。

在这些例子中，没有人必须放弃他们坚定的信仰，或压制他们的感受，因此，他们就有空间去探索一系列创造性的解决方案。

在伙伴关系范式中该说些什么

我们习惯于说一些充满对立性的语言，比如"我不敢相信他们会这么做！"或"为什么她总是我行我素？"这会给人一种"用扩张自己领域的方式建立伙伴关系"的感觉。对此，第一个办法是使用另一种类型的语言——让我们反思"扩张"的意图。我在下文提供了一些示例。"真实"一如既往地具有万钧之力，若是下文中的这些话不像你的风格，那这些例子仅供参考，你可以继续使用自己觉得舒服的语言。此外，你话语背后的能量比你选择使用的话术更重要。当你将问题视为一个共同的问题时，你的肢体语言和语气就会替你表达出很多东西。

"我听说你很沮丧，我也很沮丧。你有什么建议吗，我们该怎么做才能获得双赢？"

"所以这里有个问题：我们能做什么？"

"我不同意你的看法，我想更多地了解为什么你认为这是最好的解决方案。"

"我发现自己不止一次因为你而心生烦恼，也许你也这样想。我们谈谈吧，这样就能找到一个双赢的解决方案。你什么时候方便呢？"

尊重界限——带着关怀说"不"

有时你无法找到一个多赢的方案，在这种情况下，你可能需要考虑自己的选择。你可能因苟合一个无法满足自身需要的方案而心生憎恨；你可能会强行提出一个不符合他人需要的方案，让他人感到沮丧；或者你可能坚信自己的幸福建立在他人做出改变的基础上，因而不断说服他人改变。从长期来看，这些方法都不会奏效。你也可以设定一个界限，即到一定程度之后，学会说"不"。

即使有必要设定一个界限，你可能仍然希望尽可能多地保持自己和他人之间的情感联结。实现这一目标的一个重要因素是你关注其他人的观点和其背后的需要。"需要理解"提供了一种设置尊重的界限的方法，并且仍然会照顾每个人的需要。当你设定一个界限时，你需要：

·照顾好自身的需要和益处，但不试图改变他人；

· 不高高在上地指导别人；

· 不为惩罚某人而设定界限。

"我今晚不会给你打电话，你不要无理取闹了。"和"我今晚需要休息，就不给你打电话了，明天再给你打。"这两种说法是有区别的。前者让别人感觉受到了指责，后者用自身的需要来解释自己的界限，这样他们把你的话当作攻击的风险就变小了（即使他们可能会失望）。对自己的需要负责，拥有自己的界限，而不是试图改变他人的想法、指责他人。

有些时候，如果没有时间或力气来设定一个界限，那从一开始就明确边界是最安全、周到的事情，尤其是当我们的身体或情感安全受到威胁时。举个例子，一个女人被伴侣情感虐待了好几个月，后来她逃离了那个环境，停止与他接触。因为继续与他接触可能会进一步损害她的健康。

再如生活中常见的场景——你把孩子从川流不息的公路上一把拉出来，没有任何商量和解释，事后看到孩子惊恐万状、又哭又闹，你又对他产生共情。抑或在你身心俱疲时，为了避免对配偶大喊大叫，你可以说："我现在需要离开房间冷静一下，过会儿再谈！"当你感受到自己恢复了精力，想重新建立情感联结时，你可以使用倾听和共情的方法回到对话中。

设定界限时该说什么

再次提醒，这与你使用何种特定词汇无关，而与话语背后的能量和意图有关。在合作模式中，设定边界涉及识别各方需要。在这种情况下，你因为无法找到满足双方需要的方法，所以为了保护自己的需要而说"不"。在下面的例子中，很多词都带有保护性的意味；它们具有保护性，才能让你带着敬畏心设定界限。

若你在保护自己内心平静的需要，你可以说："我要确保你能平平安安上学。现在还不是时候，等你十岁了可以这样做。"

若你在保护自己关心环境的价值观，你可以说："我很想去布达佩斯参加你的周末生日聚会，但减少出行保护环境同样十分重要。很抱歉我不能赴约。"

若你在保护自己休息的需要，你可以说："抱歉，我很想支持你，但我太累了，这会儿帮不了你。"

回到德克兰和莉兹的那个故事。试想一下，他们无法就莉兹是否收拾房间这件事达成一致。如果莉兹拒谈这件事，德克兰仍想和她保持恋爱关系，但又接受不了这一点，那该怎么办？他也没办法改变所有的事情，但可能会试图通过内疚、操纵给她施加压力。无论成功与否，最终都肯定会损害他们的关系。又或者德克兰决定接受混乱的环境，但这只能是权宜之计。

他虽然很喜欢莉兹，但在需要未被满足的情况下生活，最终只会徒增怨恨，进而变相发泄。

德克兰也可以设定一个界限。他可以这样和莉兹沟通："我真的很需要一个整洁干净的空间，这是我的底线，我也不想佯装妥协。我知道你不想谈，所以不管你愿不愿意，我都要把你的东西放回到你的那间居家办公室里。"

暂停框

为什么说"不"这么难？

我们很难说"不"的原因有很多，包括：

· 认为我们的需要不重要；

· 假设人们不会喜欢我们；

· 避免冲突；

· 不知道如何说"不"；

· 过去我们的"不"被别人忽视；

· 社会期待肯定回答"好的"。

回想那些你说了"好的"但又后悔的情况，是什么让你妥协？下次你想说"不"吗？你需要做些什么才有勇气说"不"？

跨越分歧，建立情感联结

意见不同没有错。相反，它表示一个问题可能有多种解决方案，而且还增加了找到满足更多人更多需要的解决方案的机会。世界需要不同的视角，以便从各人的不同观点中受益。问题不在于意见不合，而在于与外界脱节。

当我们脱离了本心和自身的需要，脱离了那些用不同于我们看世界的角度的人的需要，我们就会制造出两极分化。每个人都有自己深信不疑的价值观。我们不知道如何在保留自己核心价值观的情况下与人交往，进而导致彼此的愤怒和沮丧，既不能感受幸福也无法让世界更加美好。

"需要理解"提供了一种有力捍卫自己观点，而不冒犯对方的方法。这一理念开始可能较难用于实践。我们可能会担心，如果我们理解了为什么有些人的想法与我们的截然相反，我们就必须接受他们的观点。但事实未必如此。相反，我们可以选择不再将他们视为敌人或作为站在山另一边的"另一方"，而是理解对方的遭遇。他们有何需要，使他们接受一个我们认为如此令人不快的观点？戴上"需要眼镜"看待分歧时，对话就会从一味地否定对方以证明自己正确，转向分析为何所选择的策略不能满足双方需要。通过"需要眼镜"，我们可以找到对每个人都奏效的解决问题的方法，加深伙伴关系。

本章第一要点……

· 在伙伴关系范式中，我们不再指责观点相反的人，而是去寻找他们试图满足的需要。

其他重点……

· 对立关系范式让我们和对方之间仿佛隔着一座山，每个人都坚持用自己的策略来解决分歧。

· 在伙伴关系范式中，我们搬到山的同一侧；我们建立并保持彼此之间的情感联结，同时找到双赢的解决方案。

· 解决伙伴关系范式问题的方法认为，我们不认同的行为并非是错的，只是不能满足我们的需要罢了。

· 在伙伴关系范式中，我们紧紧抓住自身需要，但也要准备好放弃自己的策略来满足这些需要。

· 如果我们不能通过伙伴关系范式的方式解决问题，可以选择设定一个尊重的边界，这既可以保护我们的需要，又可以维系同他人的关系。

结　语

在充满竞争的世界里选择情感联结

　　"需要理解"的四个技能能让我们获益匪浅。**带着同理心倾听**，讲者会觉得有人在仔细倾听，有人理解自己，单单这一条就非常有用。不仅如此，我们还能知道他人有哪些需要，如此一来便可设身处地理解对方，而不是与之对立。**带着共情理解自身**，我们便可以更好地理解自己，妥善处理一些棘手的情况。如果我们**让别人听见自己的声音**，便能传递我们的想法，也能在对话中顾及他人的需要。我们可以在**行事时顾及所有人的需要**，发掘前所未见的处理方式，从而使自己与他人的关系在经历了危机后仍不变质，甚至历久弥坚。

　　通过需要的视角看待事物带来的好处多多，基于每个人的优先事项和想要改变的事情不同，我们可以从不同方面入手。如果你想增进和心爱之人之间的关系，"需要理解"就非常实用。如果你想在工作中做出改变，"需要理解"会赋予你一个全新的视角来解决问题和维护关系。如果你想更有影响力，让众人团结一心，解决看似不可逾越的问题，"需要理解"可以让你发掘具有移山之势的新方法。

我前面提到"需要理解"可以提升你对别人的影响力，这并不是说自身的提升就不重要了。如果我们都能透过需要的视角分析行为，将每个行为都看作试图满足某种需要的载体，世界将会变得很不一样。与我们政见不同的人以及处于其他社会层级的人都会变成潜在伙伴，我们和不同背景的人能更顺畅地会话，我们的子女和学生的人生将变得更自由，对世界产生更大影响。

"需要理解"的另一个绝妙之处就在于它十分灵活：既能用于解决看似无解的问题，也可以应用于情感领域，帮我们逐渐改变陈旧的思维模式和行为模式。

你可以将这一简单概念贯穿于生活的各个方面，解锁创造性解决问题的能力，在任何棘手的现实情境中都发表你的看法、发掘共情力的价值。关注和满足自身需要会赋予你无穷的力量，也会让你给予周围人同等的关怀。

但是，无论你想将本书中的哪些内容付诸实践，让它们立刻在生活中起作用或许不太实际。人对新事物一开始都会有些不适应，就好像重新学开车一样。相比于一上来就发动引擎、看一眼后视镜，想都不想就上路，你要在每个步骤上都花点时间，多注意路况。

以下两步可以帮你更轻松地将"需要理解"应用于生活之

中。首先，你可以回想一下"需要理解"的四个技能，先掌握哪个技能对生活的改善最大，看看它对你的生活有哪些改善。其次，复习书中各处的"暂停框"，每天或者每周认真研究一个。本书最后附有每个"暂停框"所在的页码。

一旦你理解和把握了"需要理解"的原则，就能改变对生活的看法。如果你感觉自己停滞不前，不知去往何方，"需要理解"能教会你如何让生活更轻松、更有意义，拉近与他人之间的关系。曾经对事物的习惯性看法一去不复，对世界更美好的看法触手可及。"需要理解"可以造就一个充满共情和理解的社会，在这样的理想社会里，人生不再是孤独、挣扎和可悲的，而是团结、有意义、快乐的。和我一起踏上旅程吧！

后 记

需要与自然界

该在这本书中写些什么呢？思前想后，我决定从人类的角度来解释"需要理解"是如何运作的。因为我认为这是学习"需要理解"的最简易的方法。我希望你尽可能轻松地掌握这些概念。但是我们还要考虑到这个世界上其他的需要，即动物和环境的需要。

原理大同小异：和人类一样，植物和动物也有自己的需求。我们无论做什么，都应该将自然界及动植物考虑在内，否则我们就忽略掉了或矮化了它们。近些年来，许多人都从人类中心的视角来看待我们的星球，为了满足自己的需要不惜损害其他生物的利益。如今我们正在这条不归路上愈行愈远，其后果不堪设想。

"需要理解"不但可以改变我们的人际关系质量，也可以应用于更广泛的世界。当我们用需要意识来关心每一种生物，或寻找创造性的解决方案来照顾世界上的所有需要时，我们就是在用最包容的方式拥抱"需要理解"。

附　录

一览表大全

人类需要一览表

本书第 2–5 页也附有此表以供参考，你还可以在 www.needs-understanding.com 下载该表并打印保存。

生理需要	安全
空气	情感安全
食物	内心的宁静
健康	人身安全
光	保护
运动	稳定
休息	
住所	**自由**
触摸	自主性
水	选择
	放松
	独立

责任

空间

发现

学习

刺激

情感联结

喜欢

感恩

关注

亲近

陪伴

联系

和谐

亲密

爱

养育

性表达

温柔

温暖

社群

归属感

沟通

合作

平等

包容

相互关系

参与

伙伴关系

自我表达

分享

支持

宽容

自我意识

能动性

真实性

自身重要性

接受

承认

关心　　　　　　　　　清晰

共情　　　　　　　　　能力

体贴　　　　　　　　　尊严

同理心　　　　　　　　有效性

认可　　　　　　　　　赋权

尊重　　　　　　　　　成长

被聆听　　　　　　　　疗愈

被看见　　　　　　　　诚实

信任　　　　　　　　　正直

理解　　　　　　　　　知足

　　　　　　　　　　　感知自身重要性

休闲 / 娱乐　　　　　自我接纳

乐趣　　　　　　　　　自我关怀

幽默　　　　　　　　　自我实现

快乐

愉悦

恢复活力　　　　　　　**意义**

放松　　　　　　　　　活力

　　　　　　　　　　　挑战

　　　　　　　　　　　觉悟

理解　　　　　　　　贡献

意识　　　　　　　　　创造力

探索　　　　　　　　信仰

整合　　　　　　　　心流

目的　　　　　　　　希望

　　　　　　　　　　灵感

超越　　　　　　　哀悼

美　　　　　　　　　神秘

庆祝　　　　　　　　和平

交流　　　　　　　　存在

人 类 感 受 一 览 表

此表受玛丽安·戈特林（Marianne Göthlin）的成果启发，她的更多成果请见 www.skolande.se。本书第69–70页也附有此表以供参考，你还可以在 www.needs-understanding.com 下载该表并打印保存。

高兴，幸福，满怀希望，开心，满意，愉悦，极为幸福，勇敢，感谢，自信，如释重负，触动，自豪，乐观，狂喜，温暖，美妙。

激动，惊奇，开怀，精力旺盛，惊讶，屏气敛息，热忱，精力充沛，热情，着迷，受启发，趣味，入迷，激励。

宁静，平静，惬意，开朗，极为幸福，满意，放松，安全，干净，舒适，愉快，如释重负。

有爱心，温暖，深情，柔软，友善，敏感，共情，养育，满怀信任，热心，感动。

有趣的，精力充沛，神清气爽，机敏，激励，精力旺盛，新奇，热忱，热情，好奇。

精神振作，放松，机敏，神清气爽，强壮，有活力，活力四射。

欣慰，感谢，感激，满足。

难过，孤独，沉重，无助，悲伤，受宠若惊，恍惚，挫败，苦恼，惊愕，忧虑，抑郁，绝望，失望。

向往，渴望，怀旧，悔恨，憔悴，渴求，后悔，伤感。

害怕，畏惧，担忧，惊恐，紧张，惊慌失措，恐惧，焦虑，孤独，多疑，怀疑，惊慌，担心，惊吓，嫉妒，惊讶。

愤怒，气恼，懊恼，大怒，气愤，暴怒，敌对，悲观，仇恨，厌恶，烦扰，失望，不快，烦乱。

困惑，犹豫，烦恼，纠结，心神不宁，着急，担心，迷惑，麻烦，迟疑，不安。

劳累，耗尽，不在乎，受宠若惊，力竭，无助，沉重，困乏，退缩，冷淡，无聊，懒散，麻木。

不适，痛苦，心神不宁，受伤，郁闷，惭愧，羞愧，内疚，不耐烦，激怒，躁动。

人类身体感觉一览表

此表仅附在本页以供参考，你还可以在 www.needs-understanding.com 下载该表并打印保存。

温暖	敞开
流动	轻快
流畅	平静
容光焕发	伸展
轻盈	漂浮
融化舒展	静止
开朗	
满面春风	一触即痛
放松	疼痛
放空	青肿
饱腹	红肿
	敏感

酸痛

痒

刺痛

焦躁不安

说个不停

嗡嗡作声

气喘吁吁

过多能量

急躁

涕泗横流

震颤

灼烧

割裂感

灼热

刺穿

尖锐

悸动

怦怦直跳

颤颤巍巍

头晕目眩

作呕

不安

心神不定

颤抖哆嗦

大汗淋漓

顿颤

焦虑

摇摆不定

麻木

寒冷

冷酷

惊呆

冷漠

排挤

受阻

失联

受困

木讷

紧张

紧绷

封闭

心堵

受拘束

收缩

憋闷

纠结

空洞

精疲力竭

空虚

沉重

愚钝

枯燥

虚假感受词汇表

本书第 119 页也附有此表以供参考，你还可以在 www.needs-understanding.com 下载该表并打印保存。

被抛弃	被羞辱	被欺骗
被辱骂	被恐吓	被催促
被袭击	被否定	被拒绝
被轻视	被评判	压抑
被背叛	被遗忘	窒息
被指责	被辜负	不被珍视
被限制	被操控	被践踏
被霸凌	被误解	不被赏识
被哄骗	被忽视	不被倾听
被迫	被忽略	不被爱
被批评	被压迫	不被支持

被削弱	被施舍	被利用
被低估	高压	被迫害
困扰	被压制	被冤枉
不被理会	被排斥	

站在巨人的肩膀上：
促成"需要理解"的前人思想

我们每个人的成就都是对前人思想精华的吸收兼并，正是他们创造的思想让我们明白了发生在自己身上的经历和感受。在此，我想正式致谢那些所有给予我创作启发的人。我在创作本书的过程中，选择不将某些特定概念归于自己或正文中提及的人。这样做的原因是，一方面，我不想打断写作进程；另一方面，书中许多想法的源头甚多，不胜枚举。故而我在此感谢所有为本书写作带来灵感的前辈。需要致谢之人实多，恐难以详尽。

"需要理解"的核心概念来自"非暴力沟通（NVC）"的创始人马歇尔·卢森堡（Marshall Rosenberg）。非常感谢他的研究成果，其宝贵的思想精华贯穿全书。在此特别列出马歇尔首创的一系列想法：任何行为都是为了满足其背后的需要；发掘他人"不要"背后的"要"；识别真实感受与虚假感受；理解评判背后的需要、后悔情绪背后的需要；识别需要和策略的区别。

谢丽尔·加纳（Cheryl Garner）是我多年的心理治疗师，我对同理心和自我同理心概念的创造、发展，在很大程度上归功于与她的交流讨论。书中有多少理念源于她已难以枚举，因为这些都已深深地融入了"需要理解"的概念中。她的共情、关怀和勇气在生活的方方面面中都激励着我。

一开始，吉娜·劳里（Gina Lawrie）和布里奇·贝尔格雷夫（Bridget Belgrave）带领我了解到 NVC 的概念。使用卡片学习"需要理解"框架的方法则受到吉娜和布里奇开创"NVC 舞池"过程的启发。我发现此举十分有利于学习"需要理解"的概念。

书中的神经科学领域知识来源多样，最主要的理论来自丹尼尔·西格尔（Daniel Siegel）。从艾尔菲·科恩（Alfie Kohn）大量关于表扬和奖励在教育和育儿方面的影响研究中，我也受益颇多。哈维尔·亨德瑞克斯（Harville Hendrix）和海伦·拉凯莉·亨特（Helen LaKelly Hunt）创建了意象关系疗法——通过倾听、验证和移情，富有同情心地理解和接受对方。他们用岛屿作为关系中的隐喻，他们写的书（文后列出）是我一直最喜欢的非小说类书籍。克里斯汀·克里斯滕森（Kirsten Kristensen）的清醒、智慧和热忱启发我将非暴力沟通和心理治疗结合起来。米基·卡什坦（Miki Kashtan）在很多领域都是一位重要的导师，特别是在鼓励我们将意识转化为行动方面。

多年来，我在生活中多次实践并向他人分享"需要理解"。

正是从这些朋友、同事和学生身上，我明白如何将此概念系统化地展示出来，从而使其清晰、易学、可迁移。"需要理解"不是一个静态模型，期待大家在未来能通力协作，不断完善这个概念。

推荐读物及相关网站：

Alfie Kohn: Kohn, A. (2017). *Punished by Rewards: The Trouble with Gold Stars, Incentive Plans, A's, Praise, and Other Bribes.* Boston: Houghton Mifflin Co.

Cheryl Garner: www.psychotherapy.org.uk/therapist/cherylgarner

Daniel Siegel: www.drdansiegel.com

Gina Lawrie and Bridget Belgrave: www.NvcDanceFloors.com

Harville Hendrix and Helen LaKelly Hunt (2019). *Getting the Love You Want: A Guide for Couples.* Third Edition (Reprint, Revised, Updated ed.). St Martin's Griffin.

Kirsten Kristensen: www.kommunikationforlivet.dk

Marshall Rosenberg (2015). *Nonviolent Communication: A Language of Life (3rd ed.).* Encinitas, CA: PuddleDancer Press.[1]

Miki Kashtan: www.mikikashtan.org

---

[1] Nonviolent Communication：A Language of Life (3rd ed.) 已由华夏出版社收录于《非暴力沟通·汉英对照版》并出版。

友情鸣谢

　　我于创作初期成立了书友会，这是一个由远朋近友组成的团体，他们在我写作的过程中一直支持着我。他们的建议和鼓励非常宝贵，我非常热爱我们共同组成的这个团队。感谢他们每一个人为本书的诞生所做出的努力。

　　这些书友包括：

Abi Spence

Alanah Larielle

Alessandra Perrone

Alexander Brandon

Alice Tuppen·Corps

Alison Hayman

Alison Jones

Alyson Wills

Amy Whitworth

Anna Butler·Whittaker

Anna March

Annett Zupke

Åse Thorsén

Barry Allsop

Becky Hall

Bonnie Williams

Caroline Silver

Cath Hubbuck

Catherine Weetman

Cathy Swift

Catriona Oliphant

Christelle Brindel

Christine Schulz

Claire Honor

Cleona Lira

Corrie Bell

Dawn Ellis

Debbie Redfern

Di White

Diane Lester

Dorota Godby

Dorothy Martin

Dorothy Nesbit

Emily Allsop

Emma Bairstow·Ellis

Emma Crane

Fi Macmillan

Fiona Macbeth

Francesca (Froo) Signore

Gabriele Grunt

Gemma Box

Ginny Carter

Heather Monro

Helen Beedham

Helen Downhill

Helen O'Grady

Isobel Ripley

Jacqueline Mitton

Jenna Self

Jo McHale

Jo Raeburn

John Odell

Jonathan Silver

Josephine McCourt

Judith Payne

Justyna Sokolowska

Katie McMahon

Katie Player

Ken Dickson

Kim Young

Kirsten Rose

Kirsty Leggate

Krista Powell Edwards

Lara Montgomery

Laura Harvey

Lel Pender

Lily Horseman

Lis O'Kelly

Lisa Beasley

Liv Bargman

Louise Wiles

Lucy Ryan

Mandy Carr

Marcella Chan

Marianna Asimenou

Marianne Fennema

Marieke van Soest

Mark Hutchison

Mark Pilkington

Matt Wait

Mona Jeffreys

Monique Roffey

Myriam Melot

Natasha Broke

Niki Matyjasik

Oliver Cain

Paul Snell

Paula Ellen

Pavli Minns

Penny Spawforth

Peter Sim

Rachel Garstang

Rachel Hudson

Rachel Palmer

Rebecca Crossthwaite

Refkah A'Court·Mond

Rhona Donaldson

Robert Gill

Roz Adams

Russ Ayres

Ruth Patchett

Sam Brightwell

Samaśuri Howes

Sarah Davison

Sarah Heydon

Sarah Hulme

Sarah Mook

Sheila Greer

Sophie Docker

Sue Johnston

Susie Self

Suz Paul

Suzy Andricopoulos

Tamara Laporte

Tanya Forgan

Teresa McDonell

Tom Wilkinson

Tracy Argent

Tracy Seed

Ulli Nykvist

Veronica Munro

Violaine Felten

Yolande Anastasi

Yvonne Wiley

致　谢

我写完《让沟通更有温度》的初稿时，大家的反馈非常一致：爱丽丝，这本书太难读了！我能顺利完成创作，离不开一群优秀人才一直以来给予我的帮助。

吉尼·卡特精湛的写作技巧、创作热情和丰富经验让我受益颇丰，使我能够把我的想法以文字形式呈现，供人阅读。艾莉森·琼斯在成为我的出版商之前是我的导师。她从拿到本书的一开始就领悟了本书的核心，她的热情、洞察力和乐于挑战的精神支撑着我的整个创作过程。

伊索贝尔·里普利给予了我非常及时的帮助。我感受到了她的幽默、优雅、勇气和非凡的情感智慧，她在无休止的编辑过程中一直耐心地陪伴着我。我非常开心能与伊索贝尔共事，期待未来我们能有更多合作。

我可以用一整章的篇幅来介绍我最好的朋友瑞秋·卡斯坦。她的热情、同理心、幽默和无微不至的支持陪伴我一路走来——她不厌其烦地读了一份又一份草稿，并且总能在紧急时刻出现在我身边。最能体现我们关系的一件事是，有天早上她跟我说，如果我哪天出车祸遇难了也没关系，因为她已经掌握了足够的材料，可以替我出版本书。

桃乐茜·奈斯比特多次给予我支持、关爱和智慧。桃乐茜，我特别感谢你的大局意识——你坚如磐石的精神和你的智慧、关怀和温暖。除此之外，我们的友谊也在本书的创作过程中更加牢固了。

菲·麦克米伦、玛雅·古德卡和桃乐茜·马丁从我开始创作这本书起就一直支持我。他们鼓励我将本书中涉及的想法写出来，并提出许多我未考虑到的问题。克莱尔·帕尔默和劳拉·哈维帮我审阅了本书构架及前几章的初稿。克莱尔的鼓励和建设性意见对我帮助很大；劳拉在我有需要的时候伸出了援手，给我带来了欢声笑语，我们也会一起参加线上品酒活动。

初稿完成后，我们立即开始着手阅读、编辑和修改的繁重工作。黛比·雷德芬是第一个"试读"者。黛比，你对本书的反馈让我在初期就相信本书能够吸引广泛的读者。谢谢你的鼓励、热情和宝贵的评论，这些对我来说都弥足珍贵。娜塔莎·布洛克虽说是后来才加入本书创作团队的，但丝毫不影响她细致又深入地阅读和评论。娜塔莎，你是帮助我孕育本书的关键一环，有你帮助我创作本书，我感到十分高兴。谢谢你。

我喜欢与乔纳森·帕尔围绕着"工作"进行对话，有几个插图和隐喻的灵感直接来源于我和他的对话。受到他的创造力、善良和勇气的鼓舞，我才得以更好传播"需要理解"。希瑟·蒙罗是最早让我产生写书想法的人之一。她在关键时刻出现，给我带来了锐利的智慧、直观的理解、温和的挑战和迎难而上的精神。莫娜·杰弗里斯、苏西·安德里科普洛斯、加布里埃尔·格伦特、凯瑟琳·韦特曼、维罗妮卡·芒罗、路易丝·怀尔斯、海伦·比德姆和菲·麦克米伦都读过本书草稿并给出评论，你们每个人都让本书有所改进，精益求精。

文本工作接近尾声时，插图团队就动工了。莉莉·霍斯曼全程负责绘制人物插图。她以耐心、幽默和出色的技巧，绘出了能够体现本书内容的人物图。爱德华多·伊图拉尔德负责设计图形，并对莉莉的人物形象进行了数字重制，他还负责创作封面。他对间距有良好的掌控，他的创作也很具有冲击力，非常符合我对本书的要求；在我非常困难的一段时期，他鼓励我、支持我，给了我很多帮助。我由衷感谢你们两位在创作本书中的付出，并感谢弗朗西斯卡和罗兹·亚当斯最初介绍我与莉莉和爱德华多合作。

写作过程中，我很高兴能有机会会见本书的制作和后期团队。除了艾莉森·琼斯，还有实用灵感出版社和他们的制作和设计合作伙伴英国新一代出版社，特别是谢尔·库珀、米歇尔·查尔曼、朱迪思·怀斯和索菲·罗宾逊，他们给了我最好的帮助。

事实证明，创作一本书对我来说是一个崎岖的情感旅程，需要我翻山越岭。莎拉·海顿、科里·贝尔、丽贝卡·克罗斯特怀特、凯西·斯威夫特、海伦·奥格雷迪、索菲·汗和邦妮·威廉姆斯组成了一支出色的辅助团队，总是鼓励我、理解我，并为我提供正确建议。创作路途陡峭之时，他们来到了我身边，带着善意和爱心为我加油。在整个创作旅程中，凯瑟琳·韦特曼成立的写作专家小组为我提供了写作指导、建议和支持。感谢凯瑟琳、维罗妮卡·门罗、路易丝·怀尔斯和肯·迪克森，感谢他们在 Zoom 会议上给予我的睿智建议和灵感启发。

另外，还有四个人是我如今进展顺利的关键——马克·柯林斯、莱斯利·肯德里克、谢丽尔·加纳和克里斯托夫·爱德华兹。没有你们，也就没有这本书，而且很可能我也不会是今天的自己。你们给了我重生的机会，我也因你们而茁壮成长。才华出众的斯凯罗斯一家也是我能够完成本书的关键，其中包括那些与我有特别联系纽带的人：菲奥娜·巴克尔、特蕾西·阿根特、克里斯蒂娜·舒尔茨、罗娜·唐纳森、米歇尔·帕克、洛蒂·斯托克代尔、艾玛·克兰、马尔科姆·斯特恩、玛丽安娜·阿西门努和加布里埃拉·普利门努。

还有许多人在我最近的创作中起到了重要作用。我觉得基本上每个人都对我意义非凡，不过我仍然想特别提及一些人，包括但不仅限于以下名单中的这些伙伴。感谢你们在我的创作旅程中对我的帮助：佩妮·维恩、乔·麦克黑尔、佩妮·斯帕弗斯、加亚诺·肖、格雷厄姆·蒂明斯、罗兹·亚当斯、贾西娜·索科洛夫斯卡、加布里埃尔·格伦特、索菲·多克、艾米丽和巴里·奥尔索普、莎拉、尼克、汤姆和凯蒂·格维利亚姆、珍妮·谢伦斯、拉拉·蒙哥马利、莫娜·杰弗里斯、山姆·布莱特维尔、帕夫利、内德，伊利斯卡，和明卡·明斯，德尔芬·科林·德·维尔迪埃，马特·韦特和马克·皮尔金顿，埃德温娜·麦克白，汉娜·雷诺兹，威廉和卢克·谢尔顿，本和乔治·帕尔，阿比·斯彭斯，莎莉·伍德，凯蒂·麦克马洪，贝拉·麦克马洪，玛莎·雷德芬，伊莫金·斯彭斯，阿利斯·伍德。

每次我向弟弟埃德·谢尔顿寻求建议时，他都会无条件地帮助我。他时刻给予我关爱和理解，给出真诚反馈，并且在我的整个创作旅程中一直信任着我。罗宾·诺尔斯对创造一个更公平的世界抱有充足热情，并一直支持我为实现社会变革做努力。多年来，他对我的工作贡献巨大。我的表姐菲奥娜·麦克白是我梦寐以求的姐姐——睿智、积极、热情。她一直都是我的榜样，教会我追求正直、勇敢和充满爱的生活。

我的父母对我的写作有着巨大影响。我的父亲热情、慷慨，喜欢与人打交道。我的母亲性格坚强，喜欢冒险，每当我需要时她都会伸出援助之手。他们两人一直是我人生的坚强后盾。

谨以本书献给我的女儿，你的爱、美丽和阳光给我带来了数不清的快乐和喜悦。这本书之所以能够写就，很多方面都得益于你，我很荣幸能做你的母亲。

暂停框索引